教育部人文社会科学重点研究基地建设项目
西 北 大 学 “211工程” 重点学科建设项目

中国农村小额信贷发展研究

何剑伟　徐团团◎著

ZHONGGUO NONGCUN XIAO' E
XINDAI FAZHAN YANJIU

中国经济出版社
CHINA ECONOMIC PUBLISHING HOUSE
北 京

图书在版编目（CIP）数据

中国农村小额信贷发展研究／何剑伟，徐团团著．
北京：中国经济出版社，2015.3
ISBN 978－7－5136－3589－9

Ⅰ．①中…　Ⅱ．①何…　②徐…　Ⅲ．①农业信贷—贷款
管理—研究—中国　Ⅳ．①F832.43

中国版本图书馆 CIP 数据核字（2014）第 282043 号

责任编辑　邱　耿　姜　静
责任审读　贺　静
责任印制　马小宾
封面设计　华子设计

出版发行　中国经济出版社
印 刷 者　北京艾普海德印刷有限公司
经 销 者　各地新华书店
开　　本　710mm×1000mm　1/16
印　　张　13.25
字　　数　230 千字
版　　次　2015 年 3 月第 1 版
印　　次　2015 年 3 月第 1 次
定　　价　59.00 元
广告经营许可证　京西工商广字第 8179 号

中国经济出版社　**网址** www.economyph.com　**社址** 北京市西城区百万庄北街 3 号　**邮编** 100037
本版图书如存在印装质量问题，请与本社发行中心联系调换（联系电话：010－68330607）

摘　要

20 世纪 70 年代以来,一种旨在为农村中低收入客户提供微型金融服务的机构——小额信贷机构,在全球范围逐渐兴起。在政府信贷项目陷入困境、农村正规金融市场几近关闭的情况下,小额信贷机构为发展中国家的农业信贷带来了曙光。小额信贷机构有效地为农村贫困人口提供小额贷款与其他金融产品,解决了农村金融的困境。中国作为发展中大国,长期以来,农民贷款难问题一直困扰着理论界和实践者。1993 年,中国社会科学院农发所率先设立专业的小额信贷机构,开始了中国农村小额信贷制度的实践。本书集中分析小额信贷制度的发展,剖析困扰中国农村小额信贷制度发展的种种因素,寻找小额信贷制度发展的技术与制度支撑,为中国农村小额信贷的进一步发展创造条件。本书研究、归纳了小额信贷制度建立以及发展的一般规律,探讨小额信贷的制度条件;探究中国农村小额信贷发展的历程,分析中国农村小额信贷制度演进的路径;从总体上评估中国农村小额信贷制度发展的绩效。本书共分为七章,具体研究内容如下:

第一章,导论。本章在小额信贷实践的基础上,确立了本书的研究主题。通过国内外研究综述,明确了研究思路、研究内容以及研究方法,对于可能的创新之处作了说明。

第二章,小额信贷的理论基础。本章对小额信贷研究所依据的理论基础,诸如委托—代理理论、制度变迁理论以及社会资本理论进行了介绍。这些理论为以后的分析奠定了理论基础。

第三章,小额信贷发展的国际经验。以发放小额贷款为特征的小额信贷制度有着较为久远的历史。爱尔兰的贷款基金等制度实践,曾经在较长一段时期中起到了积极作用,这为我们提供了重要的思想资源。在实践中,小额信贷已面临着新阶段的一系列问题，各国的经验比较也可以为小额信贷的发展提供新的思路。本章将观察的视角进一步拓展到近代小额信贷的发展中。同时，作为一种比较性介绍，我们关注现代的孟加拉国格莱敏银行以及玻利维亚阳光银行，试图在更长的历史线条中探讨小额信贷制度的国际经验与主要问题。最后，总结了小额信贷发展的国际经验与启示。

第四章，中国农村小额信贷的发展历程及面临的问题。本章主要介绍了中国农村小额信贷发展的四个阶段。1993 年，中国社科院扶贫社成立，标志着小额信贷实践在中国正式展开，该阶段以 NGO 形式为主。1996 年，中国政策机构和农业银行（中国农业发展银行）主导的“政策性小额信贷扶贫项目”开始发展起来。2000 年，中国农村合作金融机构（农村信用社、农村商业银行和农村合作银行）在人民银行支农再贷款的支持下，开始发展小额信用贷款和五户联保贷款，标志着中国农村金融机构开始大规模介入小额信贷领域。2005 年，中国在山西、四川、内蒙古、贵州、陕西展开了商业性小额信贷试点。从小额信贷的发展历程来看，中国农村小额信贷制度面临一些现实的挑战。

第五章，小额信贷机制的约束因素。在实践中，由于利率管制、借款人人力资本状况、民间金融等因素的约束，小额信贷机制以及绩效难免会受到影响。本章在扩展的逆向选择与道德风险模型中，分析了有关因素对小额信贷机制效率的影响。这种分析进一步将小额信贷机制置入更加现实的经济环境中来综合考虑影响偿还率的重要因素。同时，这种分析还可以对农业产业化发展、利率市场化改革、民间金融治理等政策的溢出效应进行解释。

第六章，中国农村小额信贷发展绩效评价。从国际农发基金最早在中国开展的小额信贷活动，直至 2005 年商业化小额信贷公司的产生，中国农村小额信贷制度经历了约 20 年的发展历程。在这一发展过程中中国农村小额信贷在机构、产品等方面都体现出与世界各国不同的特征。从总体上对小额信贷发展状况进行评价，可以了解中国农村小额信贷发展的总体状况。从而可以对中国农村小额信贷的绩效进行量化考评，并为下一步改革提供依据。

第七章，完善中国农村小额信贷制度的政策建议。在前几章分析的基础上，本章对农村信用社小额信贷业务的发展、商业性小额信贷改革以及扶贫性小额信贷问题提出了政策建议。

CONTENTS 目 录

第1章　导论

作为发展中国家农村金融制度的一项重要创新,小额信贷制度受到了越来越多的关注。理论界对于小额信贷制度的成功给出了理论解释,实践界不断探索克服出现的新问题。中国作为全球发展中大国之一,也对小额信贷制度进行了试验与推广。在取得一定经验的同时,也面临发展中的一系列问题。本章对于小额信贷制度的国内外研究动态进行综述,并提出研究的主要思路。

1.1 研究背景

1.1.1　小额信贷在全球发展中取得成功

20世纪70年代以来,一种旨在为农村中低收入客户提供微型金融服务的金融机构——小额信贷机构不断涌现。其中,孟加拉国的格莱敏银行、印度尼西亚的人民银行、乌干达的村银行等已引起各国政府、国际组织以及捐赠机构的关注。新的小额信贷机构在政府信贷项目陷入困境、农村正规金融市场几近关闭的情况下为各发展中国家的农业信贷带来了新的曙光。小额信贷机构有效地为农村贫困人口提供小额贷款,解决了其贷款难的问题。在有效化解贫困的同时,一些小额信贷机构还取得了很好的财务绩效,实现了财务的持续性。2006年,小额信贷的先驱者——穆罕默德·尤努斯教授以其创立的格莱敏银行获得诺贝尔和平奖,标志着小额信贷在全球范围内的成功得到了公认。

1.1.2 中国进行了发展小额信贷的探索

中国作为发展中大国，农民贷款难问题长期以来一直困扰着理论界以及实践者。1993 年，中国社会科学院农发所最先在中国设立专业的小额信贷机构。随后，中国的政府扶贫贷款又引入了小额信贷方式。2001 年，农村信用社开始办理小额信贷业务。2005 年，中国又在五个试点省份开始了新型的商业性小额信贷试点。小额信贷在中国十余年的发展，为扶贫开发以及农村金融机构改革都积累了宝贵的财富。

1.2 研究目的与意义

国际上一般把对低收入的人群和微型企业所提供的金融服务称为微型金融(Microfinance)，在中国称为小额信贷，其中一个原因是现阶段中国的小额信贷机构只从事小额贷款业务。小额信贷指对低收入的人群和微型企业所提供的金融服务，包括小额的贷款、存款、汇款、小额保险及其他方面的金融服务。小额信贷包括在农村和城市进行的小额信贷服务。小额信贷所提供的贷款范围包括各种各样的创收活动——农业、牧业、渔业、微型非农企业、小商小贩等。因此，小额信贷往往与微型企业的发展连在一起。

1.2.1 研究目的

中国小额信贷制度已发展十余年，但却并未取得预期的效果。贷款偿还率、财务绩效都没有达到国际先进机构的水平；小额信贷机构贷款积极性不高①，农民贷款难的问题没有得到根本解决。本书集中分析中国农村小额信贷制度的发展，剖析困扰小额信贷制度发展的种种因素，寻找小额信贷制度发展的技术与制度支撑，为中国小额信贷的进一步发展创造条件。具体而言，可以将本书的研究目的分解为三个：

1. 研究中国农村小额信贷制度发展的历史演变，找出中国小额信贷发

---

① 由于在放贷规模与覆盖面上农村信用社都在中国的小额信贷机构中占主导地位，因此这里主要指农村信用社的积极性问题。第四章将对农信社发放小额信贷进行详尽的解析，第六章将对农信社在小额信贷市场的地位进行分析。

展制度的演进路线,寻找中国农村金融特有的演化规律。

2. 分析代表国家农村小额信贷制度建立以及运行的规律,找出小额信贷技术支撑与制度条件的共性与个性。

3. 在基本技术以外,剖析影响小额信贷制度偿还率的因素以及影响的方向与程度。

1.2.2 研究意义

本书在小额信贷蓬勃发展的国际背景下,结合中国农村金融的现实,分析中国小额信贷制度的技术以及制度问题。在理论研究与实践操作层面,本书具有如下意义:

(1)理论意义

围绕小额信贷制度的绩效以及特有的制度安排,出现了许多理论解释。本书的研究不仅在理论上归纳了国际上小额信贷建立以及发展的一般规律,探讨了小额信贷制度的制度条件,探究了中国农村小额信贷制度发展的特有轨迹,分析了中国小额信贷面临的问题与挑战,还通过明确市场环境,从总体上评价了中国小额信贷的发展状况。

(2)实践意义

在实践层面,本书的研究对中国小额信贷制度建设具有积极意义。具体而言,本书的研究可以为中国农村新一轮的商业化小额信贷制度改革提供决策依据;可以为中国农信社小额信贷制度绩效的提升提供政策建议;可以分析小额信贷发展的外部环境,提供小额信贷发展的环境优化建议。

1.3 国内外研究动态

1.3.1 国外研究动态

(1)小额信贷机制

小额信贷的成功,很大程度上得益于其特有的贷款技术,即一系列与传统商业银行经营不同的贷款技术。从全球范围内几十年来的小额信贷实践来看,大致有如下几种贷款技术:团体贷款(group lending)、动态激励(dynamic incentives)、定期还款计划(regular repayment schedules)以及担保替代(collateral substitutes)。这些技术单独或联合地解决了银行机构与借款人之间的逆向选择与道德风险问题,导致了较高的偿还率。①

(1)团体贷款

团体贷款合同是孟加拉国格莱敏银行最为核心的贷款技术,也是目前全球范围内影响最广的小额信贷贷款技术之一。在理论研究中大多以不完全信息下,银行机构与借款人之间存在的逆向选择与道德风险为背景,探索贷款小组的连带责任贷款机制,引起组员选择(peer selection),以解决逆向选择问题;引起组员监督(peer monitoring),以解决道德风险问题。

①组员选择与逆向选择

传统的银行放款中,不能区分出借款人的类型,导致贷款合同难以达成。发展中国家的农村借款人大多缺乏完善的信用记录,银行机构难以有效甄别潜在的借款人。采用统一的贷款条件,最终很可能因为“柠檬市场”问题的存在,使得高风险借款人充斥整个贷款市场,最终导致市场关闭。

团体贷款利用连带责任机制,引导借款人在形成小组时自主选择,通过选择性配对(assortative matching),将高风险的借款人驱逐出去,实现了小组的同质化。Varian (1990)较早地在委托—代理框架下分析了多代理人之间的选择问题。在他看来,代理人之间的相互作用可能采取更为复杂的形式,而不仅仅是简单地传递其他代理人生产率的信息。形成小组(formation of the group),就是小组由个人自愿选择并组成,有效实现了小组的同质化。

小组的同质化,为小额信贷机构发放贷款带来了便利。只要向一个贷款人放款,便可以了解该组其他贷款人的类型。Van Tassel (1999)提出了专门的理论模型,解释了贷款市场中面临的逆向选择问题。他分析了贷款人如何利用团体贷款计划,以形成作为部分甄别机制的联合责任贷款合同。通过建立博弈模型,分析了贷款人在借款人信息不足时出现的最优贷款合同类型。其论文证明了在不完全信息下,贷款人可以利用连带责任合同,引入内生的小组形成与借款人之间的自选择来甄别代理人类型。类似的研究

① Jonathan Morduch(1999)对小额贷款机制问题进行了很好的解释。

可见于 Ghatak, Maitreesh & Guinnane, T. W. (1999), Maitreesh Ghatak (2000), Berger, Allen N. & Gregory F. Udell(1995)。

借款人的自选择机制,不但导致了小组的同质化,便利了银行的放贷,而且增加了偿还率以及借款人的福利。Maitreech Ghatak (1999)较早地论述了组员选择机制(peer selection)。其论文分析了团体贷款计划如何采用连带责任,以利用当地信息。在小组形成阶段,小组成员自主选择,借款人彼此了解项目。这些计划导致了小组形成中正向的分类配对。面临同样的合同,只要借款人的期望收益低于风险较大的借款人,则为安全借款人,借款的有效成本较低。借款人群体的改进结果,增加了偿还率与福利。Allessandro Fedel (2005)评述了以逆向选择为特征的连带责任贷款文献。只要形成小组,贷款模式就包括了向无财富的借款人提供个人贷款。如果一个小组不能偿付其责任,小额贷款人会切断所有成员的未来贷款,直至贷款被偿还。连带责任贷款,可以通过组员选择机制抽练出信息,从而较之于个人贷款,可以提升偿还率与福利。

大量的研究背景均基于孟加拉国等发展中国家的农村金融环境。然而,在美国与加拿大等发达国家的城市地区,小额信贷也起到了积极作用。经济金融环境的不同,使得对于上述理论的解释能力提出了疑问。Michahel Conlin (1999)建立了模型,基于甄别与减少经营成本,以解释在美国与加拿大存在团体小额贷款计划的原因。该模型得到了这些项目经验证据的支持。这就进一步证明,团体贷款利用小组选择的甄别机制,在大范围内具有共性。

在机制设计中,共谋问题是一个新的理论热点。借款人在贷款合同给定的情况下,彼此之间形成私下交易的合同,会对合同激励问题带来新的挑战,也给团体贷款的合约设计带来新的问题。Jean - Jacques Laffont & Tchetche N'Guessan (2000)集中于将逆向选择作为团体贷款的基础。在一个简单的静态模型中,其论文证明如果借款人之间互不相识,不会有担保效果;如果借款人彼此了解,团体贷款实施了有效的贷款。然而,如果允许共谋,以及同伴之间转移财富,团体贷款就不是有效的。其论文给出了防止共谋的最优团体合同。Jean - Jacques Laffont (2003)在具有相关收入的典型环境中,给出了最优贷款合同的典型特征:银行面临逆向选择,借款人具有有限责任。可以证明,团体贷款合同受显示机制主导,不需要事后观察参与人的绩效。然而,如果允许借款人在完全信息下的共谋,在一组简单的显示机制下,团体贷款合同是最优的。这一点在借款人拥有私人信息时不真实,但在扩展的显示机制下仍是有效的。

②组员监督与道德风险

在缺乏有效担保品、缺乏信用记录的情况下,传统银行机构面临的一个突出问题是,借款人有意选择高风险项目,或者在项目完成后拒不还款。前者称之为事前道德风险,后者称之为事后道德风险。从某种程度上说,道德风险可能是信贷市场上最为严重的问题。

机构借款者的一个重要问题是,要确保借款人诚实使用资金,从而增强偿还的可能性。部分的解决方法是小组成员监督,让便于监督借款人的小组成员实行监督。如果借款人破产,就要付出罚金。小额信贷通过连带责任贷款机制,经小组成员监督,有效地消除了事前的道德风险与事后的道德风险。Joseph E. Stiglitz (1990)认为,小组成员监督在很大程度上解释了孟加拉国格莱敏银行以及其他类似团体贷款项目的成功。但是,小组成员监督也有成本。它将风险从银行转移到了担保人身上,而银行却更能承担风险。在一个竞争性信贷市场的小组成员监督模型中,其论文证明了风险转移会带来借款人福利的改善。Maitreesh Ghatak & Timothy W. Guinnane (1999)的研究表明,依靠连带责任合同向穷人放贷的机构有很长的历史,也是目前许多发展中国家小额信贷的主要特征。其论文分析了连带责任贷款如何促使甄别、监督、公开表露与执行偿付,并以案例研究强调了实践中连带责任是如何工作的[①]。

然而,在现实中,即便是采用团体贷款机制的小额信贷机构中,仍然出现了不同程度的道德风险问题。对此,理论界也作了进一步的深入分析,并给出了解决的措施。Timothy Besley & Stephen Coate (1995)建模分析了团体贷款导致的偿还博弈,分析表明,团体贷款对于偿还率既有正向作用,又有负面影响。正向的作用是,如果其项目收入不足以偿还贷款,成功的小组成员有激励去偿还小组其他成员的贷款;负面影响在于,如果整个小组违约——甚至如果一些借款人在个人借款中可能也会偿付,则违约不可避免。论文同样表明团体贷款可以利用社会担保以克服负面效应。

---

① Edward S. Prescott (1997)也进行了类似的工作。

尽管团体贷款已吸引了大量关注，但共谋对团体贷款合同绩效的冲击——特别在道德风险的环境下，仍是不清楚的。Jean - Jacques Laffont & Patrick Rey (2003)假定代理人风险中性以及有限责任，采用一个简单的模型以阐明这一问题，并关注了企业家共谋中的信息共享。如果企业家共同观察其努力，贷款绩效得以增强；如果企业家共谋，则绩效降低。这样，贷款人不会从共谋中受益。进一步的，即便企业家共谋，企业家之间分享信息，也会改善贷款绩效。但是，如果企业家观察彼此努力，且不共谋，贷款人可以做得更好，达到实际上的最优。如果企业家观察彼此的努力，且完全共谋，则仅基于已实现产出的简单的团体贷款合同是最优的，且优于个人合同。因此，采用显示机制以显示努力水平，不需要更复杂的合同。如果代理人仅有彼此努力的嘈杂的信号，这一结论仍然成立。然而，团体贷款合同的有效性随着信号的信息量而增加。最后，如果监督其他企业家的努力面临成本，团体贷款合同有助于提供监督激励。如果监督成本过高，合同可能变得无效，从而银行必须诉诸个人合同。

在信贷与保险市场上，道德风险主要源于信息不对称，是已被发现的问题。在马拉维，连带责任团体贷款已实施了近40年，不愿还款仍然是违约的最主要的原因。附有连带联系的团体贷款，如何被用作克服穷人间道德风险的重要工具，上述理论已经给出了许多解释。然而，经验研究却较少，有时给出混杂的结果。Robert Niels et al(2005)调查了团体贷款计划中监督与社会联系对道德风险行为的影响。其论文基于对厄立特里亚102个小组中参与人的调查问卷资料，分别分析了小组领导人与其他成员的影响。研究表明，监督与小组领导人——而不是其他小组成员——的社会联系，减少了道德风险行为。Franklin Simtowe & Manfred Zeller (2006)利用99个农场与非农场信贷小组的小组层面数据，检验了道德风险的程度。其论文研究了马拉维影响连带责任贷款计划的决定因素，结果表明，组员选择、组员监督、组员压力、动态激励与配对问题联系的程度解释了信贷小组出现道德风险的大多数变化。论文建议，连带责任贷款机制应当继续依赖社会依附与动态激励，以加强绩效，这对其覆盖面、影响与可持续性有直接影响[①]。

① 类似的研究见 Alberto Bisin & Danilo Guaitoli(2004)。

③动态激励

在高监督成本下，确保高偿还率的另一个机制是动态激励。通常，项目开始时，贷出较小额度，随后，若偿还满意，再增加贷款额度。相互交易的重复性质，以及贷款不偿还时切断未来贷款的可置信的威胁，可以被用来解决信息不对称问题，并改进效率——无论贷款是以小组为基础还是以个人为基础。

Probal Roy Chowdhury (2007) 分析了团体贷款的动态方面，特别是序贯融资与通融延期，检查了这两个机制在利用社会资本时的效率。研究发现，在特定的参数条件下，同质小组形成，从而贷款人不必向所有成员借款，就确定了小组特征，部分甄别出坏的借款人。更进一步的，在特定参数下，逆向的选择配对出现，并成为重要现象 ①。

Gwendolyn Alexander Tedeschi (2006) 提出了小额信贷向个人贷款的模型。其论文表明，利用动态激励可得出进一步贷款的形式，不利于借款人策略性违约——或一旦正向结果实现，却不愿意还款。论文建议，改进目前小额信贷机构采用的合同，内生化违约罚金。同时，约束小额信贷机构，保持可持续的贷款经营。更进一步的，考虑到负面经济冲击以及穷人面临的风险，在特定环境下，违约惩罚不必是终身禁止贷款。

④定期还款计划

在大多数小额信贷合同中，最少被关注但也是最不寻常的一个特征，就是偿还从贷款刚一发放就开始了。在传统的贷款合同中，借款人借到钱，再来投资，然后在期末还本付息。在格莱敏银行中，一年期贷款条件主导的方式是将本金与利息加在一起，除以 50，在贷款发放后的几个星期就开始每周收缴还款。类似班科塞尔与阳光银行的项目，在形式上比较灵活，但仍未偏离小额常规收缴款项的思想。

定期还款计划有几重优点。定期还款计划甄别出了不守纪律的借款

① Prabal Roy Chowdhury (2005) 证明，缺乏序贯融资或贷款人监督，团体贷款计划可能监督不力，借款人会投资于不理想的项目。更进一步的，在特定参数下，包含序贯融资，或结合贷款人监督与连带责任的团体贷款合同计划是可行的。实际上，即便没有连带责任，团体贷款计划也可能依靠序贯融资而成功——尽管偿还率会低一些。然而，缺乏连带责任，团体贷款的监督将不再可行。Joel M. Guttman (2007) 证明，如果允许小组自己形成，风险型与安全型借款人会分类为相对同质的小组。贷款人可以利用这种正向选择配对，解决逆向选择问题，它本来可以决定这些贷款项目的成本。其论文表明，如果早期模型扩展引入动态激励，则正向选择配对不一定成立。

人,这及早警示了借款人员与小组成员可能出现的问题。这也让银行掌握了现金流,以免被消费或转移。

更为重要的是,在投资产生结果之前偿还过程就开始了。每周偿付,使得家庭必须有可以依赖的其他收入来源。这样坚持每周偿付意味着,银行有效贷款部分上有赖于家庭稳定的、多样化的收入流,而不仅仅是安全型项目。这承认了银行的利益,以及农户多样化经营的优势。它意味着小额信贷不适合向如以农业种植这种以高度季节性为主要特征的产业区域放贷。季节性特征也给向如下地区扩展小额信贷构成最大挑战,即集中于靠雨水农业的地区和南亚与非洲的某些最贫困地区。

在农村金融市场上,小额信贷的定期还款计划还带来了一些重要的影响。Sanjay Jain & Ghazala Mansuri (2003)观察到甚至在小额信贷机构已发放贷款的地区,非正式贷款人仍然繁荣,其论文对此提供了解释。论文认为,其原因在于小额信贷机构大量采用的定期还款计划。借款人要求在严格的还款计划中还款——在贷款发放后很快开始还款。这一较少关注的偿还制度,旨在解决借款人间不可预计的财务风险。论文证明了这种贷款偿还结构所采用的选择性原则,原因在于监督借款人行动的困难。潜在的道德风险使小额信贷机构采用创新机制,诸如定期还款;也间接地为表现良好的非正式借款人的生存创造了条件。进一步的,论文表明这一联系不但扩展了非正规贷款的广度,同时也提升了非正规部门的利率。

⑤担保替代

在传统的银行贷款计划中,担保品是必需的。小额信贷的贷款计划中,实现了由物质担保向社会担保的转换,成为偿还率绩效的重要条件。社会资本的重要性,在小额信贷制度的绩效中,起了积极的作用。Thierry Van Bastelaer & Howard Leathers (2006)证明了南赞比亚种子基金借款人与高偿还绩效有关的因素。结果表明,在小组内,一些因素例如小组规模与较高的偿还绩效相关。此外,以社区为基础的社会资本,作为共有信任,与偿还绩效紧密联系。这表明,即使参与宗教活动与害怕女巫等观念弱化了贷款使用的共同监督,以及偿还的群体压力,社区成员共享的态度与价值创造了环境,促使种子基金借款人遵守其承诺。

孟加拉国格莱敏银行可以创造社会资本,这才是孟加拉国及其他国家小额信贷爆炸性增长的关键。采用 Putnam 的定义,Asif Dowla (2006)分析了格莱敏银行如何通过形成水平与垂直网络，建立新标准，促进新的社会信任水平，解决穷人获得信贷资本的集体行动，构建社会资本。小额信贷机构可以创造社会资本，具有很强的政策含义。由于社会资本是公共物品，具有非竞争性与非排他性，市场不会充分提供这些物品。其研究表明，除了纠正信贷市场失灵之外，小额信贷纠正了另一种市场失灵——公共物品提供不足。小额信贷机构创造社会资本，应该在整个有关补贴需要的整个讨论中被考虑进去。

一般的理论研究认为，在同质化小组中，借款人在各方面具有相同性。然而，观察小额信贷的实践不难发现，借款人的社会资本具有差异性，在小组内部这种差异仍然是存在的。这样，难免会对于小组内的监督与制裁带来新的问题。Plilip Bond & Ashok S. Rai (2006)分析了社会制裁被用于强制还款以及借款人施加制裁能力不同时的贷款合同。制裁能力类似时，即借款人之间的权力联系大致等同时，对称的团体贷款优于担保贷款。相反，当权力联系不均等时，担保合同较优。其论文同样表明，对于对称团体贷款与担保贷款的比较，也支持一致配对问题的分析。类似的研究见于 Probal Roy Chowdhury(2007)，Bruce Wydick(1999)，Rafael Gomez & Eric Santor(2001)。

⑥其他创新

在主导性的机制之外，还出现了一些创新性的安排。如巴拉圭项目中的投票机制以及中国小额信贷中的“贷款证—连保贷款”制度。尽管这些新的贷款机制并未在全球大范围内推广，理论上的研究也不多，但仍值得重视[①]。

Philip H. Lepenies (2004)讨论了巴拉圭项目中利用投票机制培训企业家的效果。Eric Van Tassel (2004)检查了家庭内的讨价还价问题。一个家庭成员可以采用外部融资投资于一个不确定的商业项目。面对有限的增收机会，其论文证明了家庭成员会坚持选择安全的投资项目。论文也证明了，即使总的家庭消费有望增长，为什么其他家庭成员消费可能因为投资而恶化。在讨价还价问题的动态形式中，家庭有激励去偿还贷款，借款人会将贷款控制权转移给同伴。

---

① 通过检查全球各种团体的贷款项目，Nitin Bhatt & Shui - Yan Tang (1998)总结出三种典型的团体贷款安排——连带责任团体贷款、连带责任个人贷款、个人责任个人贷款。

Nitin Bhatt & Shui - Yan Tang (1998)认为,为了财务上的可行,以小组为基础的小额贷款需要将贷款人与借款人的交易成本经济化。由于特殊的信贷传递安排与社会背景,团体贷款项目交易成本会有所不同。通过检查全球各种团体的贷款项目,其论文描述了这些论点。同样,论文检查了具有或缺乏社会资本,对三种典型的团体贷款安排——连带责任团体贷款、连带责任个人贷款、个人责任个人贷款的交易成本与经营的影响。

Kumar Aniket (2005)考察了印度哈亚那省一个典型的小额信贷贷款人,对其团体贷款机制进行了分析。该机制有三个特色:第一,小组最初形式为轮转基金、储蓄与信贷协会,贷款人能甄别小组;第二,小组中收入与教育程度显著不同;第三,相对富裕的个人主导了小组决策过程,可以不成比例地得到分配给小组的贷款额度。

⑦经验研究

团体贷款被刻画为导致小额信贷运动飞速发展的关键创新。它起源于19世纪70年代的格莱敏银行,并在当今全球数以千计的机构中继续被采用。团体贷款向贫穷的贷款人提供了组员甄别、监督与强制彼此还款的激励,从而改善了偿还率,降低了交易成本。然而,有人认为团体责任创造了过度的压力,不利于优质客户借款,阻碍了小额信贷增长与可持续性。因此,团体责任是否改善了贷款人的总体营利能力,是否解决了穷人信贷的可得性难题,仍然不甚清楚。研究者针对解释小额信贷偿付绩效的各种理论命题展开了大量的经验研究,以试图验证并解释这些理论观点。这些经验研究大致得出了两种类型的观点:第一类观点完全赞同连带责任合同,承认或者部分承认其绩效,但针对不足之处提出修正意见;第二类观点否定其效果,提出新的见解。

第一类观点,对于小额信贷的绩效进行了肯定,并提出了进一步完善的意见。Bratton (1986)较早地观察了非洲的小额信贷计划,采用津巴布韦1980年—1984年小农户信贷计划的数据,其论文结论如下:一是对属于自愿农协的小农户,信贷更容易得到;二是以连带责任发放的贷款,管理成本低;三是更重要的是,较之于个人责任安排,连带责任安排可以导致较高的偿还率;四是尽管较之于选择性激励,强制制裁使连带责任更易执行,但这一组织被农民组织的分裂效应所抵消。结论是,团体贷款政策比个人方法更为有效,但只有在建立并加强当地农民机构的基础上才会实现。

M. Kabir Hassan & David R. Tufte (2001)采用1988年—1991年部门成本资料,检查并证实了格莱敏银行无效性成本的决定因素。研究发现,格莱敏银行平均无效性积分在3% ~6%,妇女分部比其他类型机构更有效率。允许非政府组织一起经营,可能会增加竞争水平,从而提高经营效率。政府应该投资于基础设施建设,以减少格莱敏银行的交易成本,从而提高其经营效率。

Babara Mknelly & Michael Kevane (2002)总结了Barkina Faso妇女小额信贷项目的经验教训。关于项目设计,给出了三点结论:一是高成员轮换率,意味着共同担保小组应该更小,且更集中于不偿还的惩罚;二是经济活动的高变换率,意味着需要良好的训练以及信贷与储蓄计划中更多的实验;三是高度的存储活动,意味着有必要发展金融产品,在个人与项目层次上消除商品价格风险。关于项目执行,提了三点建议:更前后一致地中止借款人的债务;对出现违约时,伴随程序的复杂性与多样性,要更加敏感;更关注防止与消除职员滥用款项的影响。

第二类观点与新近的小额信贷新阶段实践转向个人贷款密切相关,针对的是小额信贷连带责任贷款的无效性。Xavier Gine & Dean S. Karlan (2006)进行了田野试验,以检查这些问题。试验随机分配了169个现存团体责任中心的一半①,让其转向个人责任中心(试验),保持另一半为团体责任。其论文发现,转为个人责任并未影响偿还率,并且由于引入新顾客,而导致中心规模较快增长②。

关于团体贷款的文献,大多数集中于其高偿付率,而不是其促进借款人福利的目标。在试图测度团体贷款的影响时,大多数研究忽略了自选择问题与内生项目位置问题,从而导致估计偏差。Brett E. Coleman (1999)采用1995年—1996年泰国东北部进行的半实验数据,解决了这些问题。项目参与者在接受贷款前1年就在6个控制村中被指定。然后,针对这些控制成员以及两类村庄中的非成员展开调查,设计考虑到了作用的直接估计。研究结果表明,尽管没有考虑到自选择与内生项目位置,项目贷款依然影响甚小,且显著高估了其影响。

---

① 估计约10名妇女。

② Franklin Simtowe & Manfred Zeller (2006)的研究也关注了类似的问题。

Denotes Vigenia & Alexander S. Kritikes（2004）分析了个人小额贷款合同的激励机制，并与连带责任借款合同比较了关键要素。采用数据资料，其论文证明，在私人合同中，有三个要素——非传统担保品的需要，将新要素与传统要素相结合的甄别程序，动态激励与违约时的中止威胁相结合，保证了接近100%的高偿还率。论文进一步证明，尽管基于不同的激励机制，联合责任方法依然可以导致类似的偿还率。论文揭示出，可以被两种机制中任一种有效服务的目标群体是不一样的。如果小额贷款人旨在向特定区域各种小企业家放款，除了综合个人合同与连带责任贷款合同外，没有更好的设计。

Christian Ahlin & Robert Townsend（2002）采用泰国农业银行与农业合作社262个连带责任小组，以及同一村庄中2880户农户的调查资料，采用无偏单变量检验与多变量Logit检验，以检验模型的假设；采用混合偏线性程序，以理解两类检验结果的差异。研究发现，Besley与Goate的有限执行模型在泰国偏远贫困区域得到了强烈支持。在更加富裕的地区，如临近班科克，Stiglitz的道德风险模型与Ghatak的逆向选择模型得到了支持。

（2）小额信贷绩效

在克服市场失灵之外，从目标设计到组织运行等一系列环节，小额信贷还有着更为复杂的内容，这些留给了小额信贷绩效分析来解决。依据文献关注的角度，本书对上述环节的论述将集中于四个方面。

①小额信贷的社会目标

小额信贷的出现与发展中国家政府信贷扶贫的思路有重要关系。由于贫困是一个多元化的社会现象，其产生有着复杂的社会、经济与文化背景，从而在信贷扶贫的总目标下，还有妇女地位、食品供应等一系列分目标。

小额信贷制度往往是带着信贷扶贫的目标而开始的，因此贫困人口是否得到了贷款，是首先关注的问题。基于目前流行将小额信贷项目作为减少贫困的方法，Timothy G. Evans et al（1999）的分析关注了信贷对于贫困者的可得性。其论文检查了孟加拉国的一个目标小额信贷计划，以识别对穷人的覆盖面，以及妨碍进入项目的障碍。一个约2.4万客户的人口调查表明，尽管3/4适合小额信贷，但参与者却不足1/4，较为贫困农户的参与率较高。多变量分析表明，妇女教育不足，家庭规模小，没有土地，是不参与的风险因素。

如果说 Timothy G. Evans et al (1999)的分析关注了小额信贷需求不足，而另一类文献则从供给的角度展开了分析。

Sergio Navajas et al(2000)构建了一个理论框架，依据深度、用户价值、用户成本、广度、长度与产出范围，描述了小额信贷机构的社会价值。其论文分析了玻利维亚五个小额信贷机构的覆盖面深度。大部分贫困客户之中获得小额信贷的贷款者，都接近贫困线，他们是贫困人口中最富有的。较之于个人贷款，小组贷款有更多的覆盖深度。城市最贫困者可能是借款人，但农村借款人更可能处于最贫困人口之中。

在两个孟加拉国乡村，Sajeda Amin et al(2003)评估了格莱敏银行等小额信贷项目是否到达了相对贫困且脆弱的农户。其论文采用了 229 户农户取得贷款前月消费与收入的面板数据。研究发现，尽管小额信贷成功到达了穷人，但在抵达脆弱群体上却不甚成功。论文结论同样表明，小额信贷在贫穷的小组以及脆弱的穷人面前，不甚成功。论文的主要贡献是，利用 Townsend (1994)的有效风险分担框架，明显评估了反贫困介入的相对效率。

Brett E. Coleman (2006) 控制了内生的自选择与项目地址，评估了泰国两个小额信贷项目的覆盖面及作用。结果表明，较之穷人，较为富裕的村民，有更显著的增加贷款的可能。进一步的，最富裕的村民，通常成为项目委员会成员，且较之于普通成员借得更多。然而，关于信用的当地信息，同样用于选择成员。项目正向影响了委员会成员的家庭福利，但对普通成员不显著。类似的研究见 Timothy Besley & Robin Burgess (2003)，Hasson Zaman (1999)，Rashidi，S. et al(2002)，Navajas，S. et al(2000)，Hiatt，S. R. & W. P. Woodworth(2006)。

由于贫困问题的复杂性以及各国经济政策的不同，小额信贷计划的社会目标实现需要一系列的外在条件。其他项目的配套与帮助，对于小额信贷是十分重要的。

Imran Matin & Dawid Hulme (2003)检查了孟加拉国的一个项目。该项目通过将生存保护要求(食品援助)与生计改善(技能培训与小额信贷)相结合，试图到达孟加拉国贫困的“硬核”。孟加拉国农村促进会的反脆弱小组发展增收项目，深化了消除贫困活动的覆盖面，取得了深刻的结果。然而，对地区详细的田野工作表明，项目实际存在显著差异。这些发现，对于项目设计以及理解那些没有从创新项目中收益的人，有重要意义。论文总结出，这些项目将生计保护与提升结合在一起,应该主要集中于反贫困策略。同时,仍然需要传统的社会福利计划的作用。S. Premchander (2003)进行了类似的研究。

Judith Shaw (2004)发现,斯里兰卡东南部的信贷客户中,较为贫困的客户面临地理上、财务上以及社会文化上的阻碍,难以进入最有前途的小企业领域,导致他们选择了低价值的活动,增长前景差。在城市边缘地区,贫困冲击可能得到加强。应该通过提供贷款与非财务介入,鼓励贫困农户选择高价值职业。在偏远的农村,小企业面临严峻的市场与设施约束,小企业发展不可能有利于消除贫困。

孟加拉国所处的社会,使格莱敏银行的小额信贷运动更具有了妇女运动的色彩。从妇女参与小额信贷运动而言,本身就意味着选择权的取得,在经济自主与社会选择方面有了突出进步。同时,健康与食品等问题也成为重要目标。

Panjaitan - Drioadisuryo, Rosintan D. M. & Kathleen Claud (1990)分析表明,低收入家庭试图通过经营小企业而谋生时,信贷常常是被漏掉的一个环节。同时,向穷人贷款,总被认为风险极高,经营成本高,偿付率低,导致银行家不愿意向穷人提供信贷。其论文针对印度尼西亚小额信贷计划进行了研究分析。分析表明,如果在发展中国家,政府机构与非政府机构向低收入妇女提供借贷机会,就可以减少发放成本,大大增加偿付率,改善贫困家庭福利。其他研究同样表明,这些信贷倾向于增加妇女参与决策,减少生育率,显著改善家庭营养,增加子女教育的机会。在案例中,论文证实了这些结论。

Naila Kabeer (2001)发现,许多小额信贷机构将信贷与健康、教育与其他项目结合在一起。其论文评论了这些捆绑的论点,证实了净收益是可能的,但需要检验。HOPE 项目中,健康银行与仅提供信贷的乡村银行的准实验数据被用以检验。论文证明了健康锻炼不一定自动带来更多财富。在洪都拉斯,健康银行的参与同减少条件性的儿童腹泻密切联系。在厄瓜多尔,仅发放贷款的银行效果更好。在两个国家中,较之于单放贷的银行,健康银行的参与显著提升了随后的保健,至少减少了随收入增加而由母乳喂养转向奶粉喂养的倾向。支出效果是模糊的,在捆绑与银行绩效之间无明显联系。

Shannon Doocy et al(2005)提供了调研结果,最初旨在:评估在干旱与食品短缺条件下的应对能力;研究小额信贷项目结果。2003 年 5 月,在埃塞俄比亚两个主导农业地点,进行了 899 户农户的跨部门调查。他们对 WISDOM 小额信贷机构的主要客户与类似的新客户及社区控制样本进行了比较。在任一参与组中,没有发现参与能力总体显著增强的模式。这表明,参加贷款计划并没有在农户层面影响应对能力。如果评估总体样本,男性与女性中上层劳动力体质或明显的营养不良状况存在差异。在最初的调查点索多,妇女客户与其子女比其他比较组营养状况显著改善。控制的妇女社区,营养不良减少量,相比较于显著的女客户,为 3.2 倍;6 ~ 59 个月显著营养不良减少量,大于控制比较组男顾客与社区儿童 1.6 倍。索多妇女客户家庭食品安全状况显著优于其他比较组。当与女客户组相比较时,控制男客户组与社区组,各自分别以 1.94 倍与 2.08 倍,更可能接受食品援助。既有结论表明,小额信贷项目对妇女客户及其家庭的营养状况与福利有重要影响。如客户最不可能接受食品援助,表明小额信贷项目可以成功减少长期干旱的脆弱性与食品短缺。类似的研究见于 Johnson ,Susan(2004),Pitt,Mark M. et al(2003),Macernan,Signe - Mary et al(2005)。

②补贴

在小额信贷的发展中,补贴是关键性的环节。早期的小额信贷机构无一不受到捐赠等形式的补贴。第二代的小额信贷运动又进一步强调财务可持续性,补贴问题仍是关注的核心。

从近期的研究来看,主导的小额信贷机构,在实现扶贫与财务可持续上存在困难。Jonathan Morduch (1999)分析认为,孟加拉国格莱敏银行处于小额信贷运动的前沿,表明了向贫困家庭提供信贷以缓解贫困的潜力。这一成功部分地建立在补贴上。例如,1996 年,以资本的经济机会成本测量,总补贴达 2600 万 ~3000 万美元。这一证据有助于解释为什么像格莱敏银行那样的机构,并没有以私人商业企业形式涌现。其论文同样描述了保持高偿付率的近期困难 [1]。Michael Pretes (2002)进行了类似的研究。

③治理绩效

Valentina Hartarska (2005)给出了中东欧与新独立国家中,治理结构对

① Asif Dowla (2006)认为,小额信贷机构社会资本构建,应该在有关补贴需要的整个讨论中被考虑进去。

覆盖面以及小额信贷可持续性的影响。结果表明,基于绩效的经理人补偿与小额信贷机构运行良好无关;任务驱动型的机构恶化了覆盖面,而经理人的经验有利于绩效。其结论同样证实了,依靠股东大会股东代表,小额信贷机构的覆盖面与可持续性与有限雇主参与的独立董事会提供强力支持之间需要权衡取舍。在研究区域,外部治理机制几乎起着有限作用。

Rob Dixon, et. al (2007)试图促进对贷款人员在团体贷款中重要性的理解,解释对贫困客户工作中的实际地位及其矛盾与困难。其论文采用赞比亚的数据,集中赞比亚基督教企业信托基金(CETZAM)最近的危机,以及针对处理违约者的会计实践。结果首先表明,贷款人面临强大的压力,不得不寻求不适当的方法进一步偿还,以解决危机。针对借款人违约的办法,对贷款人员压力过大,减少了客户的忠诚度与信任,潜在地不利于 CETZAM 自身的短期与长期生存。

④机构评价

对小额信贷的评价转向机构层面,可以准确测度机构的绩效,为捐赠者、股东乃至政府机构提供决策依据。在这一方面,对于削减贫困与财务成本的约束,不可避免会再次出现权衡。小额信贷机构试图最大化其贷款活动对贫困借款人目标群体的影响与覆盖面,同时,又要保持财务自给。Jonathan Conning (1999)研究小额信贷机构面临的合同设计问题。覆盖面、可持续性与财务杠杆的权衡,由内生监督与代理成本形成。它们产生于借款人、贷款人、小额信贷机构股权所有者与外部投资者代理人的联系链。其他相同的情况下,面向较为贫困借款人的可持续小额信贷机构,必须索要较多利率,其论文分析了 72 个小额信贷机构的数据,以支持这些结论。

David Hulme (2000)评论了小额信贷作用评价的方法。Peer Smets (2006)评价了住房小额信贷的主要功效。Begona Gutierrez - Nieto (2007)评论了小额信贷机构的绩效,Jennifer Isern et al(2007, a, b)发展了评估小额信贷机构的技术方法与实践指南。[①]

(3)小额信贷机构面临的挑战

①监管方面

作为农村金融机构,在运行中,小额信贷业务面临着监管问题。通常对

① Hartarska, Valetina & Denis Naddnyak(2007)的研究,同样给出了有趣的结论。

小额信贷部门管制的考虑会针对这些机构的特性——它们适应了那些被正规金融部门边缘化的客户的需要。Thankon Aran (2005)强调了合适的管理框架的重要性,以支持多样化的小额金融服务,诸如储蓄与保险的可持续发放。其论文检索了小额信贷部门管制的原因,评论了主要的管制方法及对小额信贷部门的影响。部门特定的管理伴随审慎的改革,可以改善运营环境。允许小额信贷机构动员储蓄,可以减少执行正常银行管理中的问题。论文同时强调,有必要在管理方法中融合国家特色,以适应宏观经济环境与发展的不同阶段。

②面临的挑战

广泛的捐赠有利于小企业融资,但是否真正解决了小企业的问题呢?Clavdio Gonzalez – Vega et al(1996)最早分析了玻利维亚阳光银行发展中所面临的挑战。Graeme Buckley (1997)基于肯尼亚、马拉维与加纳非正规部门小企业的研究,以寻求反映潜在于非正规部门小企业信贷的大部分特征。置疑和表明了,真实的问题是更为深刻的,不能单独通过资本注入解决,需要社会经济条件根本的结构性变革。决定了非正规部门行动,以及全面理解非正规部门企业家的本质。

小额信贷机构如何进行权衡?贷款人要么将贷款集中于最贫困人口,且接受对家庭收入相对低的冲击;要么集中于不太贫困者,而取得较大作用效果。Paul Mosley & David Hulme (1998)评判了小企业融资中增长与削减贫困的冲突。以财务可持续的方式减少贫困,向小企业融资,已在捐赠者与非政府组织间获得了极大热情。其论文报告了一项研究项目,估计了七个发展中国家的53个小额信贷机构对贫困及其分目标变量的影响,试图将这些作用与机构设计特征联系起来。针对性研究的每个机构中,贷款促使接受家庭的收入增加,但增加率下降,且会随着接受者收入与财产状况改变。这些一般模式有显著的背景[①]。该联系的显著性,在除马拉准的Mudzi基金外的所有机构中,都是1%的水平。设计良好的项目,在各种收入水平下,其作用均较设计不佳的项目高。因此,对许多贷款机构而言,这种权衡可以通过机构设置的合理创新而改变,是修正储蓄者及职员的储蓄与收贷的激励安排。

---

① 尤其是特别穷的人可能受到显著的贷款冲击。

而理论分析也对扶贫与财务可持续的神话提出了挑战,小额信贷究竟应该如何定位? Jonathan Morduch(2000)的分析提出,小额信贷的主要提倡者提出具有诱惑力的双赢命题:遵循良好银行原则的小额信贷机构,缓解了最多的贫困。这一理念构成了广泛流传的良好实践的核心。但是,作为一般命题,该理念在逻辑上难以成立,也难以得到可得的经验数据支持。认识双赢命题的缺陷,是偏爱金融发展的小额信贷提倡者与偏爱社会冲击的人员之间达到建设性对话的重要一步。James Copestake (2007)提出这样的发展问题:在不断整合为专业化小额信贷与商业银行的背景下,追求明显发展目标的空间在什么地方? 模型首先分析了这一问题,区分了机构的财务与社会绩效可能、偏好与评价体系。模型被用于评价以扶贫为导向的小额信贷机构的国际样本,表明了改善社会绩效管理的一些简单步骤。然后,用模型阐述了社会绩效与财务绩效的广泛联系——在零售金融服务部门分析,并提供了这一层面更多的政策分析与切入点①。

Ulrike Vogelgesang (2003)分析了玻利维亚小额信贷款机构 Caja Las Andes 贷款偿还的决定因素,分析基于玻利维亚最近变化的影响。尤为重要的是,论文检查了这些效应:小额贷款供应的迅速增长;日益加强的竞争;小企业同负债水平的上升;最近的经济危机。论文的结果表现出竞争与负债的双重影响结构。首先,客户同时拥有多渠道贷款来源,比其他人更易于违约;其次,既定特征的客户,在竞争较激烈与小额贷款供应较多的区域,总体上偿还表现较好。

(4)金融市场中的小额信贷

如果将小额信贷置于信贷市场中,则小额信贷是金融市场失灵的必然结果。Joseph E. Stiglitz & Andrew Weiss (1981)发现了信贷市场的配给特征。贷款市场均衡可能以信贷配给为特征。银行发放贷款时,关心贷款所得利率和贷款风险。然而,由于选择潜在借款人的逆向选择效应,或影响借款人的行为(激励效应),银行要求的利率可能本身就会影响贷款的风险。这两种效应直接来源于利率的不完全信息。银行评估贷款申请后,会在贷款市场上表现出来,如果价格(利率)影响了交易的性质,它就不可能使市场出清。但利率不是合同中唯一的重要条件,贷款额度、贷款申请时银行需要

---

① Graeme Buckley (1997)对非洲的案例进行了研究。

的担保或股权额度，同样会影响借款人行为以及借款人分布。增加贷款人的担保需要（在某一点上）可能减少银行收入。因为它可能减少了借款人群体风险回避的程度，或在多时期模型中导致个人投资者承担风险较大的项目。

M. Shake Emran et al（2006）认为，现有的小额信贷理论分析集中于缺乏物质担保下广泛存在的道德风险与逆向选择问题。其论文偏离现有文献，注意劳动市场缺失或不完善的作用，以理解小额信贷运动中一些重要的“第二代”困难与争论。论文的分析表明，集中于劳动力市场有助于解释发展中国家小额信贷的一些难点，诸如：贫困妇女借款人信誉较好，却面临极高的利率；小企业不愿或不能扩张经济活动；对小额信贷需求的利率弹性的矛盾观点——实践者主张的零弹性，而经济计量估计中，却又出现显著的负弹性。这种分析，对于发展中国家经济长期发展中小额信贷的适当作用，具有重要含义。

Sergio Novajas et al（2003）提出，贷款技术的创新与市场饱合，使玻利维亚成为全球最迅速变化与最具竞争性的小额信贷市场之一。两家贷款机构显得很重要：Pioneer Bancosol，最先以团体责任贷款扩张了贷款市场；后进入者 Caja Los Andes，以昂贵的甄别成本提供个人责任贷款。引入道德风险与逆向选择，采用一个简单的信贷市场竞争模型，论文分析了贷款合同条件如何适应竞争的变化，以及借款人保持勤奋与还款激励受到影响。模型中导出的假设行为得到了检验，表明与贷款纪录和农户调查经验证据相一致。

Abhijt V. Banerjee et al（1994）分析指出，经济欠发达国家的资源配置显著受到非企业经济制度的影响。然而，论文的非企业制度理论建议了许多问题不同的答案以及政策。论文采用德国 19 世纪至 20 世纪初信用合作社的资料，描述了在选择性理论之间区分的方法。论文建立了信用合作社模型，旨在提供监督激励，并用 19 世纪的数据进行了检验。

Timothy W. Guinnane（2001）分析了信用合作社的信息抽取功能，并将其置于德国农业信用社 1883—1914 年的历史中去考察。Thomas Barnebeck Andersen & Malchow – Mlloer（2006）分析了欠发达信贷市场上的策略性相互作用。表明了正规金融机构、非正规金融机构利率变动对均衡结果的影响。类似的研究还有 Greenwald，Bruce E.，Meir Kohn，& Joseph E.（1990），Guinnane，Timothy W.（1997），McIntosh，Craig，& Bruce Wydick.（2005），Beveridge, Andrew A. (1985)。

(5)国外研究的简要评述

小额信贷起源于发展中国家,它的发展成为金融扶贫的重要思想来源。世界银行等机构的支持与推广,对它在发展中金融的地位起到了推波助澜的作用。这些原因,使得在西方理论界,小额信贷问题成为研究的热点。

如果深入分析有关理论研究文献,则不难看出这些文献基本上都是沿着不完全市场理论的范式而展开的。Stiglitz 等学者的开创性文献之后,在不对称信息背景下,研究金融市场的信贷配给,研究小额信贷的机制设计,已经成为发展理论中关注的焦点。如果进一步分析小额信贷研究关注的问题,则可以明显看出,其主要集中于:①小额信贷机制设计问题,更确切地说,是其中的激励问题。其主要的观点在于,小额信贷机制有效地激励了借款人的借款、生产与还款行为,解决了逆向选择与道德风险问题,促进了信用链条的顺畅。②金融市场中,小额贷款人与其他贷款人之间的竞争问题。主要的结论是,竞争会对小额信贷的贷款条件与组织机制带来影响,也导致了小额信贷效率的变化。

在经验研究文献中,主要针对小额信贷机构的社会目标——削减贫困和财务可持续问题而展开。根据研究需要,理论家发展了一系列指标,来对问题进行量化分析。可以说,这些研究具有重要的启发意义。然而,对于有关理论文献的实证分析,则由于指标选择等问题而存在较多的分歧,其结论也有待商榷。

1.3.2 国内研究动态

由于中国小额信贷发展较晚,对于中国小额信贷问题的研究并不多见。对现有的文献进行分析,国内研究主要关注了如下问题:

(1)对于小额信贷的评价

针对中国一般的小额信贷制度,学术界以案例研究的方式展开了一些研究,评价了其绩效。由于小额信贷的推行,目前以农村信用社最为重要,对农信社小额信贷进行了一系列案例研究。如梁山(2003)以全国率先进行"信用镇村"创建的广东省高州市为个案,研究农户小额信贷的经济意义和体制意义,重点回答了四个问题:需求、安全性、赢利性和信用状况。论文的主要结论有:第一,由于现存一般金融机构信贷的交易成本过高,即使在农村经济相对发达的地区,也存在对小额信贷的需求。因而其体制意义在于,降低了借贷双方的交易费用。第二,即使在农户面临系统性风险的情况下,小额信贷的安全性经实证证据表明依然是可靠的。第三,小额信贷不是农村信用社的经营负担,而是一种赢利资产。第四,在机制上,小额信贷具有提高借款人信用状况的动态效果①。

中国独特的制度创新,如茅于轼先生的扶贫实验,具有一定的开创性。这种试验,直接源自中国本土特定的环境,具有特殊的意义。学术界对此也进行了一定的研究。

姚遂、汪小勤与陈卓淳(2002)以茅于轼先生在山西省的信贷扶贫案例为考察对象,以制度经济学为主要分析方法,指出了茅于轼扶贫成功的制度背景以及茅于轼扶贫本身所存在的制度缺陷。认为农村金融结构自身的孱弱与农民对金融服务的需要之间的矛盾,是茅于轼扶贫得以成功的基本条件;茅于轼本人的权威主义与龙水头基金管理人的精英管理,是这一制度得以在当地顺利推行的重要保障;茅于轼在基金制度设计上的独具匠心,是基金可持续发展的坚实基础。同时,茅于轼扶贫也面临着制度构架上的不足和外部制度环境的制约。②

(2)对中国小额信贷市场的分析

该类研究主要集中于小额信贷在农村金融市场中的结构性意义。通过引入模型分析或者定量研究,讨论了农村金融市场借款人、贷款人之间的博弈,以及最后的市场状态。

刘锡良与洪正(2005)认为,小额信贷是主要面向中、低收入者的信贷业务。在中国,提供小额信贷的机构主要分为三类:正规金融机构、政府机构和非政府机构。这三类机构,由于机构性质和经营目标不同,贷款对象存在差异。面对农村三类收入群体,即高收入者、中低收入者和低收入者。由于信息不对称会导致借款人类型的混同,从而难以实现机构目标。而且,当这三类机构在同一地区同时开展小额信贷业务时,可能会形成相互间的盲目竞争,导致市场缺乏效率。解决的方法是,通过提供一组贷款合同,对借款

---

① 对此问题的研究,可见于汉瑞·杰克嫩和米先锋(1997)、沈明高和程恩江(2004)、Albert Park et al(2003)。

② 对于中国本土自生的小额信贷制度研究,还有谢云山(2002)。

人类型进行甄别,可以实现不同借款人的分离均衡和帕累托效率改进。具体做法是:通过设计抵押物和利率的合同组合,可以实现高收入者与中低收入者、低收入者的分离;通过利率和机构可持续性的合同组合,可以在中低收入者和低收入者之间实现分离,从而最终实现小额信贷市场的分离均衡。最后,针对中国小额信贷市场的现状,为实现市场分离均衡的效率,需要在机构的目标客户定位和利率政策方面做出相应的调整①。

王卓(2007)实证分析了农村小额信贷的实际利率与名义利率之间的差异和形成机制。农村小额信贷的实际利率与还款模式相关。小额信贷项目或机构能否实现实际利率,取决于其经营管理和资金流动效率。但借款人实际支付的贷款成本没有变化,这是农村小额信贷外部性的表现。其论文利用长期观察获得的案例资料,分析了农村小额信贷的需求利率弹性,还通过在西部农村的社会调查数据,实证分析了农村小额信贷的需求,并预测了农村小额信贷的市场规模。

孙若梅(2006)的研究,建立在对扶贫社小额信贷项目的农户抽样调查数据基础之上。样本数据显示:大多数农户从信贷市场上获得了资金,但存在借贷规模、结构和用途上的差异;信贷供给由正规渠道和非正规渠道构成,非正规渠道借贷主要用于非生产性用途,而小额信贷主要满足农户的生产需要;所调查的当地农村信贷市场的基本特征是非正规性和非生产性,小额信贷成为当地农户的又一种制度性信贷供给,对农村非正规金融乃至正规金融有着替代和补充作用。通过分析信贷分配的不平等程度,可以判断出,小额信贷具有改善农户信贷分配不平等的潜力。

(3)对中国小额信贷发展的概括以及展望

沈明高和程恩江(2004)探讨了什么样的农村金融体系,可以更好地服务于中国农村不断扩展的日益多样化的金融需要,如何建构当前农村金融体系,从而有效且可持续地服务于农村社区,小额信贷在中国面临什么样的未来。

杜晓山(2006)概要介绍了制度主义小额信贷的代表——世界银行扶贫协商小组——对小额信贷的一些基本观点,包括小额信贷的基本原则、服务

① 对于小额信贷问题,进行过比较严谨的数理分析的,仍见于赵岩青、王玮和何广文(2007),周振海(2007),赵岩青和何广文(2008)。

对象、发展历史和现状，以及目前国际最新流行的普惠性金融体系的基本概念。世界银行扶贫协商小组强调了普惠性金融体系既要服务于弱势群体，又要实现服务机构自身的可持续发展。该文介绍了当前发展中国家各大区域小额信贷的不同特征和趋势，论述了要以普惠性金融体系的新视角来看待小额信贷，认为普惠性金融体系框架包含微观、中观和宏观三个层面的内容和要求。

杜晓山(2004)提出对可持续性小额信贷的概要理解，描述了中国小额信贷所经历的实践历程，试图分析中国农村小额信贷三个阶段的发展，三大组织类型及其多样化的形式，中央政府和央行的政策演进，小额信贷项目的运作方式，目标群体的定位，项目发展规模和金融产品，可持续状况，等等。对三大类型小额信贷各自的主要问题做了分析，在此基础上，概括出对中国小额信贷的若干看法和可吸取的经验教训，并就项目机构的合法性、利率、模式的多样性、资金的来源、对项目的规范和监管等方面的问题提出有关的政策思考。①

(4)国内研究的简要评述

由于在农村金融领域，小额信贷远未取得像国外那样的地位②，国内研究开展得较晚，而且在理论上也并不深入。这些研究大多从中国大范围推行小额信贷开始，且明显地受政策主导。尽管有文献已经开始对中国小额信贷问题采用规范的研究方法展开分析，如赵岩青、王玮，何广文(2007)，周振海(2007)，赵岩青，何广文(2008)。这些分析得出了严谨的理论命题，对于国内小额信贷研究与国际接轨进行了最早的尝试。但是，此类研究出现得较少，而且并未结合中国小额信贷实践开发相应的模型，对于中国问题的研究未免有所缺憾。

就既有的经验研究而言，也大多集中于案例研究，在案例的选取上不一定具有太多的共性，这使得研究的结论出现许多分歧。同时，针对中国小额信贷问题的规范的宏观研究也不多见，从而使得从整体上研究中国小额信贷问题有所不足。在研究的方法上，国内研究水平仍需进一步提高。

① 类似的研究，可见于程恩江(2007)、杜晓山(2005)、孙若梅(2005)。

② 至少从目前来看，小额信贷在中国农村金融领域，远远没有能根本扭转农村金融的困境。

1.4 研究思路与方法

1.4.1 研究思路

小额信贷是发展中国家农村金融领域中的重要创新,也是中国农村金融发展中重要的契机。根据中国农村小额信贷发展的现实需要,并结合国内外研究的理论进展,本书提出如下研究设计(见图1-1)。

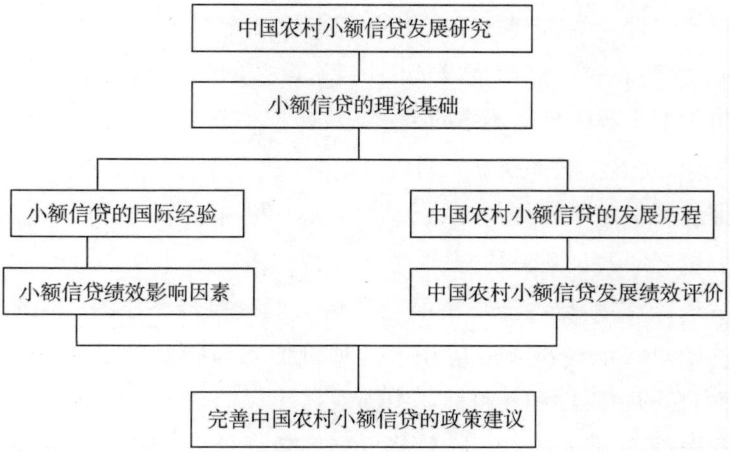

图1-1 本书研究设计

1.4.2 研究方法

(1)定性分析和定量分析

定性分析和定量分析是相辅相成的两种研究方法,定性分析和定量分析实际上是经济发展"质"与"量"的辩证关系在方法论中的运用。定性分析就是要求我们善于运用所学的知识对积累的资料进行归纳、梳理,以期对复杂事物的运动过程及其关系进行逻辑分析和逻辑阐述,从而指出一般性的规律。定量分析则是在定性分析的基础之上,从实际出发,对客观实际情况和大量经济事实、经济现象和统计数据,进行去伪存真、去粗取精的量化处理,以期达到对定性分析的深化和精确化。本书研究坚持定性分析和定量分析相结合，运用定性分析的方法，对国际小额信贷制度的经验以及中国农村小额信贷制度的发展进行理论分析，从而为小额信贷制度研究打下坚实基础。运用定量分析的方法，对影响小额信贷偿还率的主要因素进行剖析，对中国农村小额信贷制度的发展状况进行测量和评估，从而为中国农村小额信贷制度的发展完善提供量化依据。

(2)宏观分析方法和微观分析方法

宏观分析方法主要从经济总量角度分析整体经济运行的动态复杂性过程，并从中揭示出宏观经济趋势和规律；微观分析方法则主要从总量分解、要素分形和机制设计等角度，分析整体经济各个部分之间的关系机理，并从中揭示出经济发展的客观规律。本书研究将二者有机地结合起来，在宏观方面，阐述中国农村小额信贷发展的历程，以及国际小额信贷的经验；在微观上分析影响小额信贷偿还率的因素。

(3)实证分析与规范分析

实证经济学是从某些前提或经验事实出发，利用归纳和演绎方法去寻找经济变量之间的相互关系，发现经济运行的内在规律性，分析和预测经济行为的后果，最终形成经济学的某种假说。而规范经济学是以一定的价值判断为基础对实证经济学的应用。这种价值判断曾经被认为是超出理性的，具有内在的主观性和任意性。中国农村小额信贷的发展演变，国际小额信贷的一般经验，我国农村小额信贷发展绩效评价，均采用经验资料进行实证分析。而对小额信贷偿还率的影响因素，则主要采用规范分析的方法。

1.5 本书的可能创新之处

从中国农村小额信贷制度实践的角度，结合国内外文献，本书的可能创新之处有：

①爱尔兰贷款基金的小额信贷实践曾经前后持续300年之久，对于小额信贷的可持续发展提供了一个成功的历史案例。本书对其进行了梳理与分析，并与孟加拉国格莱敏银行、德国农信社以及玻利维亚阳光银行的小额信贷实践进行了比较和归纳，提出了小额信贷成功运行的基本经验：引入多样化的机制设计，创新贷款技术；诱发性与强制性制度变迁相结合，优化制度绩效；利用并创造社会资本，将执行、监督能力资本化。

②因率先实现了非政府组织小规模开展小额信贷转向政府组织大规模开展小额信贷,陕西省洛南县成为全国政府小额信贷扶贫的样本。通过对洛南小额信贷实践进行调研与走访,比较了非政府组织开展小额信贷的优缺点,指出了政府主导型小额信贷的弊端,指出政府主导难以实现小额信贷可持续发展,提出小额信贷技术应该结合中国实际,进行适当创新。

③对于逆向选择与道德风险模型进行扩展,分析了贷款利率、贷款额度等贷款条件,以及借款人的生产能力和外在的借款来源渠道等外生因素,对贷款偿还率的影响。从而为利率市场化改革、农村金融机构改革和借款人的技能培训等问题,提供了理论依据。

第2章　小额信贷的理论基础

全球小额信贷的成功实践，引发了对小额信贷作用的深入思考。正是小额信贷在消除贫困、提升妇女权利与金融部门发展等方面的效果，导致了全球小额信贷的蓬勃发展。而理论界对小额信贷的解释，却是建立在一系列现代经济学理论发展的基础上。委托—代理理论，在多代理人的框架下，为小额信贷的机制设计确立了标准框架。制度变迁理论，将小额信贷的成功作为一个制度变迁的案例加以解释。社会资本理论，则引入前沿的社会资本概念，来试图对小额信贷做出新的理论尝试。这些形成了本书分析小额信贷制度的理论基础。

2.1 委托—代理理论

委托—代理理论是在对现代企业制度的研究过程中产生并逐渐发展起来的。历史上，企业制度的发展先后经历了“业主制”、“合伙制”和“公司制”三个阶段。其中，前两个阶段属于传统企业形式，即企业主直接经营管理自己的企业，企业的所有权和经营权合二为一。随着企业的发展，企业规模日益扩张，管理也日益复杂化，企业主所拥有的知识、能力和精力已经渐渐满足不了企业经营管理的需要了。管理则逐渐演化为一项专门知识和技能，为一部分职业经理人所掌握。此时，作为现代企业制度的典型形式——公司制便应运而生了。在公司制企业里，企业主已不再亲自经营企业，而只能在保留资产所有权的同时，将资产的经营权委托给具有管理能力的职业经理人。这就产生了企业主和职业经理人之间的委托—代理关系。

20世纪60年代末70年代初，一些经济学家不满企业“黑箱理论”，深入研究企业内部信息不对称和激励问题，委托—代理理论得以发展起来。委托—代理理论的中心任务是研究在利益相冲突和信息不对称的环境下，委托人如何设计最优契约激励代理人。经过30余年的发展，委托—代理理论由传统的双边委托—代理理论（单一委托人、单一代理人、单一事务的委托—代理），发展出多代理人理论（单一委托人、多个代理人、单一事务的委托—代理）、共同代理理论（多委托人、单一代理人、单一事务的委托—代理）和多任务代理理论（单一委托人、单一代理人、多项事务的委托—代理）。

2.1.1 委托—代理的概念

委托—代理关系是一种契约，在这种契约下，一个人或一些人（委托人）授权另一个人或一些人（代理人）为他们的利益从事某项活动，并相应授予代理人某项决策权，代理人通过代理行为获取一定的报酬。委托—代理理论，就是以委托—代理关系为研究对象，从信息不对称条件下契约的形成过程出发，探讨委托人如何以最小的成本去设计一种契约或机制，促使代理人努力工作，减少委托—代理问题，以最大限度增加委托人效用的理论。

2.1.2 代理成本理论

委托—代理理论认为，委托—代理关系产生的实质是利益比较优势。一方面，由于在一定的生产力条件下，拥有资产所有权的个人感觉到，由职业经理人经营可以取得更大的利益，从而经营权交由职业经理人享有和行使；另一方面，拥有经营才能的职业经理人，因为经营不属于他个人的资产能获得更大的利益，所以才愿意将自己的经营才能与他人的资本相结合。在这种情况下，通过契约建立委托—代理关系，可以使双方都获得契约带来的好处。

但是，委托—代理关系的运用是有代价的，这就是代理成本。代理成本包括委托人的监督成本、代理人的担保成本和机会成本。代理成本是企业所有权的决定因素。即使代理人付出全部努力，承担所有成本，但却只能分享一小部分剩余。而当代理人追求个人额外的好处时，代理人得到全部好处，却只承担一小部分成本。所以，代理人可能没有工作的积极性，却热衷于追求其他额外收入。因此，代理人管理下的企业价值，将小于它属于一个完全所有者时的价值，两者之差就是所谓的“代理成本”。理论上进一步提出了解决问题的办法:让代理人买断企业或许是一劳永逸的办法。但受到财富的限制和出于风险的考虑,代理人未必能够或愿意购买企业。在代理人财富既定和有限责任的条件下,举债可作为增加代理人积极性的选择方案,但其作用是有限的,因为举债又会导致新的代理成本。

代理成本理论揭示了委托—代理关系的一个核心问题:如果代理成本高于建立契约带给所有者的收益,那么建立契约将不再经济可行。这很好地解释了为什么以权力分离为特征的现代公司制,只适合规模较大的企业——因为小企业承担不了过高的代理成本。在小企业中,业主制和合伙制仍然是最好的选择。同时,代理成本理论也提示我们在存在委托—代理关系的企业或组织的管理中,削减代理成本是管理的一项重要内容。

2.1.3 委托—代理问题

每当人们按他人要求行动①,且代理人比委托人更了解运营情况时②,就会产生委托—代理问题。这时,代理人有可能按自己的利益行事,并忽略委托人的利益。这个问题在大企业和政府中普遍存在,它提出了一个重大的管理挑战。

委托—代理问题的产生主要是因为两个方面的原因:一是由于委托人与代理人的效用函数不一样,即激励不相容。委托人追求的是自己的财富更大,而代理人追求自己的工资、津贴收入、奢侈消费和闲暇时间最大化,这必然导致两者的利益冲突。二是由于委托人与代理人拥有信息的不对称(asymmetric information)。在不确定的环境中,委托人不能直接观察到代理人的具体操作行为。同时,代理人不能完全控制选择行为后的最终结果。在没有有效的制度安排下,代理人的行为很可能为追求自身利益而最终损害委托人的利益,即所谓的"道德风险"。

2.1.4 委托—代理问题的解决

委托—代理理论认为委托人和代理人都以效用最大化为目标,与对方讨价还价和相互退让,以达成双方都认可的合约。因此,这种代理合约可以

---

① 我们称后者为委托人。

② 即信息不对称。

看成是在信息不对称的条件下,博弈双方的对策及均衡的结果。对于委托人来说,解决委托—代理问题主要有三个途径:

一是提高信息透明度,以解决博弈双方的信息不对称问题。通过专业信息公司获取信息,或通过立法强制代理人定期、全面地报告其活动,是解决信息不对称从而遏制代理人机会主义行为的有效途径。

二是建立对代理人的有效激励机制。有效激励的核心在于建立激励相容机制,使代理人在追求自身效用最大化的同时,也能实现委托人效用的最大化。在现代企业组织中,已经设计出若干有效的内部制度实现对代理人的有效激励,这包括激励性报酬、经理在公司股份中的报酬、按业绩定职位等。

三是建立对代理人的有效监督约束机制。代理人会利用信息不对称来为自己谋求合约之外的利益,即权力租金。因此,委托人要对代理人的工作进行有效监督,并配以相应的惩罚措施,使代理人能按照委托人的利益行事,不采取违规寻租活动。现代企业制度的监督约束机制主要包括:定期的内部审计和外部审计、股票价格的市场变动、可自由交易的股票市场、经理人市场、企业控制权市场、产品市场。这些市场机制所产生的竞争,迟早会揭示经理人的机会主义行为,对具有机会主义倾向的经理人构成了潜在的威胁和惩戒,从而增强了所有者的控制,并减少其监督成本。

通过上述三个途径,委托—代理问题就转化为委托人对代理人的激励与监督问题。当然,激励和监督机制的建立也是需要成本的。但通常而言,这些成本要少于代理人机会主义倾向很强并谋取私利时所发生的成本。因此,尽管委托—代理问题今后仍将是企业治理的核心问题,但多数发达国家的实践表明,上述机制的存在对抑制代理人的机会主义行为产生了很明显的效果,使企业中的委托—代理问题并没有原先想象得那么严重。

2.2 制度变迁理论

人们的交易行为是在一定的制度安排、组织约束下进行的。不同的制度安排和制度结构对经济主体的经济行为的影响是不同的,从而对于经济绩效的影响也是不同的。既然经济效率与不同的制度安排相关,要提高效率,必然涉及制度安排的改变,即制度安排的变迁问题。

制度变迁是一个用效率较高的制度安排来替代效率较低的制度安排的过程。这种替代可以看作是一种社会制度的“生产过程”，是要支付成本的，并且是费用昂贵的。除非一种制度安排的创新改变了潜在的利润，或制度创新的成本降低了使制度变迁变得合算，否则不会发生制度安排的变迁。

2.2.1 制度变迁的动力

诺斯的制度变迁理论模型是建立在经济人对“成本—收益进行比较计算”的基础上的。制度创新的动力是个人期望在现存制度下获取最大的潜在利润。潜在的外部利润的来源有以下三个方面。

(1)外部性的内在化

外部性就是指有些成本或收益，对于直接制定产出的决策单位来说，是外在的事实。无论这些外部成本或收益何时存在，它们都无助于市场产生最有效的结果。外部性的存在是因为资源的使用者对有些成本或收益没有加以考虑。如果一项新的制度安排能够对所有的成本与收益进行考虑的话，那么它将增加社会的所有成果的总收入，但它也可能使它们降低。制度创新的过程，实质上就是外部性内在化的过程。将外部性有效地内在化的制度安排，其创新是有成本的。当个人不愿承担这笔费用时，或为了获得潜在的外部利润的制度的再组织受到私人财产权的阻碍时，创新就只有靠政府了。但这种通过政府的强制力来影响一种制度的再安排，就不能保证新的制度安排比旧的更有效。

(2)风险的分担

风险的存在是削减经济活动的一个因素。由于现实中大多数人厌恶风险，厌恶风险的程度随偶然性的增加而增强。这样人们就会更偏向于更为确定的结果的活动，避开那些报酬变化很大的活动。那些没有人从事的高变异活动中利润的预期值高于低变异活动。因此，如果有些能够克服厌恶风险倾向的机制被创新(如将这些人的风险集中于不厌恶风险的人)，或使得风险的结果相应于所获取的收益表现得更为确定，总利润就可能增加。风险的分担或者说克服对风险的厌恶，也是制度安排创新中的预期收益的来源。通过创新一些保险方案的制度，再组织常常会使得总利润增加。

(3)不完全市场的发展

由于正统经济学家习惯地假定所有市场都是完全的,这样就排除了由市场运行失败而引起的可能的潜在利润。潜在的外部利润可以说是制度变迁的一个重要源泉。没有潜在的外部利润就不可能有制度变迁。但有了潜在利润是否就一定会产生制度变迁呢?这还要看制度变迁的成本。正如诺斯指出,只有当潜在利润超过预期的成本时,一项新的制度安排才会被创新。并且只有当这一条件得到满足时,我们才可能在一个社会内改变现有制度和产权结构的企图。这种新的制度安排的目的,在于使存在于原有制度安排外的利润内部化,以达到帕累托最佳状态。外部利润内在化的过程实质上就是制度创新的过程。

2.2.2 制度变迁的内在机制

制度变迁是由正式规则和非正式规则的变迁构成的,是对构成制度框架的规则、准则实施的结合所做的边际调整。

首先,在制度变迁的过程中,制度与组织之间连续不断的相互作用是制度变迁的关键点。组织是在现存制度允许的范围内产生和发展的,它实现着制度的功能。组织的产生,反映的是制度框架提供的某些机会,创新者用它来使收入、财富或者其他目标最大化。在追逐这些目标的过程中,组织又会影响制度变迁的方向及其进程。因为组织不仅是制度约束而且也是其他约束(如技术、收入与偏好)的函数。它既可以成为阻止制度变迁的巨大障碍,又可成为促进制度变迁的重要力量。

其次,竞争迫使组织持续不断地在发展技术和知识方面进行投资以求生存。个人或组织获得的技能和知识会形成对机会,从而对选择不断变化的直觉,而这种直觉将逐渐改变现存的制度。制度变迁就是一个无处不在、持续进行的增量过程,它是单个当事人和组织的企业家每天进行选择的结果。尽管大多数的决策是例行公事,但有时决策涉及改变现存的个人与组织之间的“契约关系”。重建契约有时可以在现存的产权结构和政治规则中实现,但有时需要改变规则。同样,指导人们交换的非正式的行为规范,也会被逐渐加以修改或抛弃。因此,这两种情况表明制度正在出现变化。在另一种经济中,一种竞争性的产品价格或品质的变化,会使现有经济中的企业家对赢利机会的看法发生改变。但是,人的认识发生变化的最基本的、长期的根源，是个人和组织内的企业家所进行的学习。虽然一些学习来源于好奇心，但是学习的程度和速度反映了组织间竞争的强度。普遍的稀缺引起竞争，竞争诱导各种组织为生存而学习。竞争的程度事实上是各不相同的。垄断程度越高，竞争的因素越少，学习的动力就越小。经济变迁的速度取决于学习的比率。经济变迁的方向取决于获得不同类型知识的预期报酬。经济变迁的方向反映了制度矩阵中的激励因素，也就是制度框架提供了激励，决定人们获得哪种类型的技能和知识才能使收益最大化。

最后，人们对这一收益认识的直觉，来源于竞争参与者的智力结构。智力模型与制度之间的关系极为密切。智力模型是为了解释环境而从个人的认识系统中产生出来的内在的表现。制度则是人们创立的用于构建和组织环境的外在的（对心智而言）机制。共同的文化遗产是一个社会中人们减少彼此在智力模型上的分歧的手段，是一致观念在代际传递的桥梁。人类从野蛮、愚昧、落后走向文明与进步，就是不断学习的结果。在与经济和社会变迁相联系的实践进程中，人类学习的过程形成了制度演变的轨迹。

2.2.3 制度变迁的过程

制度变迁是一个错综复杂的过程，是实施制度的各个组织[①]，在相对价格或偏好变化的情况下，为谋取自身的利益最大化而重新谈判，达成更高层次的契约，改变旧的规则，最终建立新的规则的全部过程。在这个过程中，当各个组织的谈判力量及构成经济交换总体的一系列契约的谈判给定时，如果没有一个组织能够从对重建契约的资源投入中有利可图时制度才会稳定下来，形成均衡的制度。它的具体步骤如下。

（1）形成初级行动团体

它是一个决策单位，它的决策支配了制度安排创新的进程。这一决策单位可能是单个人或者个人组成的团体。初级行动团体预见到潜在利润的存在，并且认识到只要进行制度创新就能够得到潜在的利润。新制度经济学认为，初级行动团体实质上是熊彼特意义上的企业家的集合体，一旦他们发现制度变迁的预期收益大于制度变迁的成本，他们就会竭力推动制度变迁。

---

① 包括自我实施。

(2)初级行动团体设计出各种可供选择的制度创新方案

上述方案中包括个人的制度安排、个人之间自愿组成的制度安排和政府的安排。在个人的安排中,收益的增长也只限于个人,既没有与之相联系的组织成本,也没有强制成本。由政府安排的组织成本,可能要低于自愿的合作性安排下的成本。但是在政府安排下,每个人都受制于政府的强制性权力,不管他对政府的强制性决定有多大的不满意,都没有退出权。不过政府的强制性制度安排可能会产生由自愿的合作性的安排所不可能达到的效果,产生较高的收益。

(3)初级行动团体根据利益最大化原则,选出一种能满足本团体利益的制度创新方案

(4)形成次级行动团体

次级行动团体是在制度创新过程中,为帮助初级行动团体获得预期纯收益而建立的决策单位。它主要是帮助初级行动团体做出一些能获得收入的策略性决定,不会使制度创新的收入有任何增长。在制度创新的方案实现以后,初级行动团体和次级行动团体之间可能进行追加的收益再分配。在制度变迁的过程中,任何制度变迁主体,如政府、团体和个人,所追求的目标都是效用或利益最大化。

然而,当一项制度安排的变迁无论如何不能给创新者带来好处时,或者说如果一项新的制度安排的建立已经获得所有潜在的外部利润;如果建立新的制度安排的成本超过了所有的潜在收益;或者如果不对制度环境作适当的修改,就没有可能实现收入的重新分配。也就是说,在所有的制度安排创新的机会都被利用了以后,现存的制度结构就处于制度均衡状态。但是,由于非正式规则和正式规则的变迁方式不同,所谓均衡的制度只是一种局部均衡。因为均衡是局部的,所以制度总是要变迁的;因为局部是均衡的,所以制度变迁又总是渐进的。

2.2.4 制度安排变迁的轨迹:路径依赖与锁定状态

制度变迁能否成功,或者说制度变迁会走什么样的道路,取决于两个因素的共同制约:一是复杂的、信息不完全的市场;二是制度在社会生活中给人们带来的报酬递增。就前一个因素而言,市场状况的复杂性,要求制度的初始设计必须尽可能地与市场实际相吻合,以保证制度实施的可行性。但

是，由于市场总是复杂多变的，人们不可能事先对之掌握准确而全面的信息。加上行为者受到其主观意志、意识形态及个人偏好的制约，因此，制度变迁不可能总是完全按照初始设计的方向演进，往往一些小的偶然事件即可极大地改变制度变迁的方向。就后一个因素而言，诺斯认为尽管制度变迁受各种主客观因素甚至偶然因素的影响，但都有一个共同的规律，即制度给人们带来的报酬递增决定了制度变迁的方向。

这是因为制度在现实中有四种自我增强机制。自我增强机制的开创性研究，最先是由阿瑟在分析技术演变过程时做出的。他指出，新技术的采用往往具有报酬递增的机制。由于某种原因发展起来的技术，通常可以凭借先占的优势，利用规模巨大促成的单位成本的降低和普遍流行导致的学习效应的提高。许多行动者采取相同技术产生的协调效应，在市场上越是流行，就越促使人们相信它会进一步流行的预期，以此实现自我增强的良性循环。从而在竞争中胜过自己的对手。相反，一种具有较之其他技术更优良的技术，却可能由于晚人一步、没有能获得足够的追随者而陷入困境，甚至锁定在某种恶性循环的被动状态之下难以自拔。总之，细小的事件和偶然的情况，常常会把技术发展引入特定的路径，而不同的路径最终会导致完全不同的结果。

诺斯把前人关于技术演变过程中的自我增强现象的论证，推广到制度变迁方面来，认为制度在现实中有四种自我增强机制：

第一，机构的设置或成本的固定。设计一项制度最初需要大量的成本，但随着制度的推行，交易成本就会下降，从而有助于维护制度的运行。

第二，学习效应。通过学习和掌握制度规则，如能有助于降低成本，提高经济收入，则必然有助于制度被人们所采纳和接受。

第三，制度为人们提供了一定范围和一定方式的合作自由。这种合作所带来的经济效益，同样会形成对制度的强大支持。并且一项正式制度的产生，将导致其他正式制度以及一系列非正式制度的产生，以补充和协调这项正式制度发挥作用。

第四，适应性预期。当制度给人们带来了巨大的好处时，人们对之产生了强烈而普遍的适应性预期或认同心理，从而使制度找到了存在下去的基础。

由此可知，一种制度要想能有效地运行下去，必须通过上述四种自我增强机制，给人们带来报酬的递增。而报酬递增的方式反过来又深刻地决定着制度变迁的进一步发展，从而最终导致了两种迥然不同的制度变迁轨迹。制度的这种自我增强机制，使制度变迁一旦走上某一路径，它的既定方向会在以后的发展中得到自我强化。当制度在现实生活中找到了这四种有效的自我增强机制时，制度的变迁本身，也就标志着人们的收入递增在广泛的范围内发生了。制度的变迁，不仅得到了支持和巩固，而且能在此基础上一环紧扣一环，沿着良性循环的轨迹发展，即出现所谓路径依赖轨迹；相反，当制度不能在现实生活中找到上述四种自我增强机制时，制度的变迁也就意味着人们的收入不能普遍递增，制度在现实生活和经济发展中得不到有效的支持，制度的变迁就容易朝着无效或不利于产出最大化的方向发展，结果制度的变迁陷入锁定的困境。

上述关于制度变迁的理论认为，制度变迁就是效率较高的制度安排对效率较低的制度安排的替代，只要简单地“替代”或“转变”就够了，不需要对其进行系统分析。当现存的制度结构不存在获得利润的可能性时，就会引起新的制度安排形式的创新①。这种对制度变迁过程的理解，是把制度变迁的过程看作一个常规过程，把制度变迁主体纳入微观层次上的成本—收益分析之中，把研究重心放在了产生制度结果的基本经济力量上。只要变迁主体从变迁中所获得的收益超过其所付出的代价，制度变迁就可能带来较高的效率。也就是说，它把预期净收益超过预期成本看作是一项制度安排发生变迁的动因，而很少分析这个净收益如何分配，以及这种分配对资源配置效率的影响。

其实，制度安排的变迁不仅与经济效率有关，更与收入分配问题密切相关。任何一项制度安排的变迁，可能涉及一个私人的索取者，也可能涉及既得利益的团体，或涉及政府。而在这一变迁中，处于不同位置的当事人会对变迁做出不同的反应。在任何时点上，制度变迁主体是否支持一个新的制度安排，取决于他们预期从新安排中可获得的净收益。个人对制度变迁带来的净收益的估计，是预期从制度变迁中可获得的总收益和分配这些收益的分享方案的一个函数。在制度变迁过程中，谈判各方都将以最大化自己在总收益中所占份额来影响最终的制度变迁。无论一项制度安排的变迁出

① 或旧的制度根本变化。

现在哪一个层次上,要依赖于每个选择的成本和收益,也更要依赖于所影响团体的谈判实力(财富积累)。因此,制度变迁的过程,实际上是具有不同偏好、利益和政治力量的制度变迁主体之间的政治谈判过程。

2.3 社会资本理论

2.3.1 社会资本的概念

科尔曼认为社会资本是个人拥有的、表现为社会结构资源的资本财产;由构成社会结构的要素组成,主要存在于人际关系和社会结构之中,并为结构内部的个人行动提供便利。在科尔曼看来,社会资本不是一个单一体,而是有许多种类,彼此间有两个共同之处:它们都包括社会结构的某些方面,而且有利于处于同一结构中的个人的某些行为。和其他形式的资本一样,社会资本也是生产性的,使某些目的的实现成为可能,而在缺少它的时候,这些目的不会实现①。

国内外学者对社会资本的界定存在明显不同。观点分歧之处主要表现在界定角度、概念主体、范围等几个方面。在界定角度上,一些学者侧重于社会结构资源,另一些学者侧重于社会关系;在概念主体上,一些学者认为社会资本的主体是个人,另一些学者认为社会资本的主体还包括企业、社团、社区等行动主体;在范围上,一些学者认为社会资本范围很广,包括规范、组织、关系等在内的众多社会结构资源,另一些学者认为社会资本只是社会关系网络。正是由于社会资本概念的这些分歧,造成了在社会资本的

---

① 在对社会资本的界定上,不同的学者从各自的研究领域和研究对象出发,给予了不同的界定。布迪厄认为,社会资本是资本的三种基本形态之一,是一种通过对"体制化关系网络"的占有而获取的实际的或潜在的资源的集合体。这种"体制化网络关系",是与某个团体的会员制相联系的,获得这种身份,就为个体赢得"声望",进而为获得物质或象征的利益提供保证 。罗纳德·伯特认为,社会资本指的是朋友、同事和更普遍的联系,通过它们得到了使用其他形式资本的机会。企业内部和企业间的关系是社会资本,它是竞争成功最后的决定者。普特南认为,社会资本是一种组织特点,如信任、规范和网络等。像其他资本一样,社会资本是生产性的。它使得实现某种不可能实现的目的成为可能,并能够通过推动协调的行动来提高社会的效率。亚历山德罗·波茨认为,社会资本指处在网络或更广泛的社会结构中的个人动员稀有资源的能力。在这些学者中,科尔曼被认为从学理上对社会资本给予了全面的界定和分析。

具体研究中，对同一问题研究所得出的结论相差甚远，无法相互验证的局限。

2.3.2 社会资本的特征

尽管国内外学者对社会资本的表述不同，但都承认它是一种特殊的资本形态，具有不同于物质资本的一系列特征。

(1)社会资本具有生产性。它为社会结构内部的个人行动提供了便利，有助于行动者特定目标的实现。是否拥有社会资本，决定了人们是否可能实现某些既定目标。

(2)社会资本具有不完全替代性。也就是说，社会资本的生产性功能，只有与具体的社会行动相联系才能实现。某种社会资本，可以为这种行动提供便利，但它对其他行动可能是无用甚至有害的。只对某些特殊的活动而言，它可以被替代。

(3)公共物品性质。经济资本既可以为公共物品，也可以为私人物品，社会资本则是公共物品，它一旦形成，就不仅仅是一个人能使用它。这与社会资本的性质有关，它只能存在于两个以上的人中间。

(4)社会资本具有不可转让性。它对受益者来说不是私有财产，不可能由拥有者依主观愿望转让给另一个体而使之受益。

(5)个人特质依赖性。社会资本存在于人与人之间，它不能离开个人而独立存在，却不完全依附于个人。

(6)无形性。经济资本既可以是有形的，也可以是无形的。如物质资本表现为厂房、机器等就是有形的；人力资本存在于劳动者之中，表现为劳动者的经验和受教育程度，和经济资本中的技术一样是无形的。社会资本是无形的，是一种能感觉到却看不见、摸不到的东西。

(7)投资收益不确定性。行动主体动员它们所可能带来的总体上的正面功效具有很大的主观认定性。这种主观认定性在很大程度上受到文化的影响，而无法做到完全理性。

2.3.3 社会资本的功效

在社会资本的功效问题上，存在着微观和宏观两个层次。在微观层次

上,社会资本主要具有如下功效:

(1)社会资本可以为个人提供各种物质支持。在人们的日常工作和生活中,亲属、朋友发挥着相当重要的作用,包括生活保障、经济支持、劳力支持、决策咨询等方面。

(2)社会资本可以提供人们所需要的情感支持,包括在情绪低落时给予同情,面对挑战时给予鼓励,在孤独时给予友谊。当一个人长期不能从他的社会资本中获得这些情感支持时,会产生某种程度的心理障碍,影响其正常的生活和工作。

(3)社会资本能够使人们的道德观、价值观内在化,规范人们的行为。能够使人们充分考虑其行为结果对他人的影响,尤其是当他的行为结果影响到他的情感和责任对象时,他就会对其行为采取谨慎和负责的态度。对于那些缺乏社会资本的人来说,社会资本的缺乏可能会增加他们实施犯罪行为的可能性。

(4)社会资本对个人职业地位的获得、职业声望和收入水平起着极其重要的作用。通过社会资本获取就业的信息和机会,成为人们最为经济、最为现实的选择。

在宏观层次上,社会资本主要具有如下功效:

(1)社会资本有利于公共事业的发展。社会资本是将生产资本、自然资本和人力资本结合起来的“介质”。社会资本的关键特性是促进联合成员为共同的利益进行协调与合作。在一个公众参与程度高、社会资本丰富的社区,公益事业就会兴旺发达。

(2)社会资本对于企业的发展有重要影响。经济组织及经济活动,是嵌入社会关系网络之中并受其限定的。良好的社会关系网络包括企业间的网络和企业内部的网络,有利于企业交易费用的节约和交易活动的维护;有利于企业效益的提高和规模的扩大。

(3)社会资本具有识别社会结构的功能。社会资本如果运用得当,具有生产性。社会结构中的社会资本具有人力资本、物力资本所无法替代的社会保障与社会支持功能。

(4)联合国开发计划署在《人类可持续发展报告》中指出,可持续发展就是通过社会资本的有效组织来实现的,社会资本对可持续发展意义重大。

(5)社会资本影响资源的分布。经济资源和社会资源在一个社会资本丰富的网络中往往是均匀分布的。但在缺乏联系的不同网络之间,由于网络的性质不同,以及其社会资本的存量不同,经济资源和社会资源并不均匀分布。解决的办法就是把不同的网络连接起来,形成更大的富含社会资本的网络,增大社会资本的受益面。

当然,社会资本在具有正面功效的同时,也具有某些负面作用:

(1)具有不同利益和关系网络的团体常常为了寻求它们自己团体的利益,而牺牲或损害更大团体的利益。某些利益群体容易形成对某个人、某个目标或某项事业的反对和损害。例如,有些因具有共同利益或相同观点而结合形成的群体,群体之外的人就会处于一种不利的地位。

(2)从某种社会环境中获得社会资本的人同时也受到了社会环境中规则的限制,并阻止他做出各种变革和创新。社会网络密度越大,复杂程度越高,个人受到已有的社会规则约束的力量就越大。当紧密的网络纽带给个人提供各种经济资源时,它也限制了个人的积极性和创造性。

(3)人际关系和政治权力结合扩大了腐败的范围,损害了政治廉洁,等等。社会资本的这些负面作用应在社会资本的研究中引起高度重视,尤其是在中国这种非常重视人际关系的社会中。

2.3.4 社会资本的表现形式

社会资本的表现形式有五种:

第一种形式是义务与期望。当某个人为他人提供了一定服务,并确信他人会为此对自己承担起特定的义务时,他就拥有了一种社会资本。社会环境的可信任程度,以及个人承担义务的范围影响了这种形式的社会资本存在的可能性。社会环境可信任的程度越高,人们履行义务的可能性就越大,义务与期望形式的社会资本也就越普遍;个人在社会结构中承担的义务越多,他拥有的可利用的社会资本就越丰富。

第二种形式是存在于社会关系内部的信息网络。个体可以从他的社会关系网络中获取对自己行动有用的信息。这种社会关系就构成了社会资本。已存在的社会关系是获取信息的重要途径,处于该关系中的行动者利用社会关系来获取信息,从而为行动提供便利。

第三种形式是规范和有效惩罚。规范对个人行动起着重要的约束作用,它通过惩罚自私自利的行动,奖励大公无私的行动,要求个体放弃自我利益而按公共利益行事，从而使某些行动目标更容易实现，由此构成了极其重要的社会资本。这类社会资本对组织目标的实现、社会秩序的维护乃至社会运动的成熟与发展都提供了有利的条件。

第四种形式是权威关系。它为人们解决共同性问题提供帮助。权威是个人拥有的控制他人行动的权利，当某位行动者有权控制另一位行动者的某些行动时，他和后者之间就存在权威关系。这种以控制权为特征的权威关系，正是社会资本的表现形式。由于权威关系的存在，在众多行动者共享同一利益，但单个行动者又都想坐享其成而不愿为公共利益付出代价的情形下，个体可以把行动的某些控制权授予具有超凡魅力的领导人，以形成权威关系来解决共同性问题，从而增进公共利益。

第五种形式是多功能组织和有意创建的社会组织。科尔曼认为组织的创立可以提高个体行动的一致性，产生更大的社会影响，从而使行动更为有效。多功能的社会组织是指出于某一目的建立的组织，同样可以服务于其他的行动目的，由此成为组织成员的重要社会资本。有意创造的组织包括商业组织以及建立在自愿基础上的具有公共物品性质的联合会等。这类组织不仅可以使创建者受益，也可使其他人获得一定的好处。

第3章　小额信贷发展的国际经验

伴随孟加拉国格莱敏银行等小额信贷机构的蓬勃发展，许多发展机构（包括世界银行和联合国）出资在全球范围内推广此类项目。在金融服务业欠发达的国家，现代小额信贷制度已向1000万家庭发放贷款。但是，小额信贷制度的发展也带来了许多争议。有关评论对于外部植入的有效性表示了怀疑。激励制度设计得比较粗糙，常没有充分考虑社会与文化因素是政府进入农村信贷市场后失败的根源。然而，外生产生的小额信贷机构也可在较长时期内服务于当地社区的需要。我们可以从历史上的制度，例如19世纪爱尔兰贷款基金、19世纪德国的信用社找到证明。本章将观察的视角进一步拓展到近代小额信贷的发展中，试图在更长的历史线条中探讨小额信贷的国际经验与主要问题。同时，作为一种比较性介绍，我们同样要关注现代的孟加拉国格莱敏银行以及玻利维亚阳光银行。

3.1 爱尔兰贷款基金

3.1.1　贷款基金的发展过程[①]

19世纪中期，爱尔兰有数以百计的贷款基金协会对穷人吸收储蓄，且发放小额贷款。贷款基金是为了满足穷人对信贷的需要，对于市场制度（银行）失灵而做出的一种本土化的创新。它们转移资本的规模非常大。在最

① 对于爱尔兰贷款基金，Hollis，Aidian & Arthur Sweetman进行了长期、细致的研究。在一系列文献中[Hollis，Aidian & Arthur Sweetman（1996，1997a，1997b，1998a，1998b，2001）]，Hollis，Aidian & Arthur Sweetman对于爱尔兰贷款基金以及爱尔兰有偿贷款制度进行了详细的描述，对于理解爱尔兰早期的小额信贷实践具有重要意义。本部分的分析采用了上述文献的有关数据。

高年份，每年向贫困的劳工、小农以及小商人提供大约50万笔贷款。这一制度的独到之处在于基金在没有大量政府补贴的情况下活跃了一个多世纪。

19世纪中期，爱尔兰金融市场的一个显著特征是银行与至少2/3的人口基本没有交易。一些主要的爱尔兰商业股份银行均是伴随银行立法改革之后，于19世纪20年代建立的。这些新型银行扩展迅速。1845年，尽管农村与较小的城镇仍然没有银行，但人口超过5000人的城镇均有一家或一家以上的银行机构。然而，即使那些存在股份制银行的地区，银行无一例外地主要依靠社会上层以及中层顾客，而并不发放小额贷款。这一情况直到19世纪60年代才发生改变。

从1720年开始，爱尔兰开始出现分散的、十分有限的贷款协会。早期基金受到私人捐赠与慈善基金支持。但从1830年开始，它们开始靠有偿贷款来资助其活动。贷款通过两种方式发放：自偿性（reproductive）贷款和具有保险功能的贷款，以使那些出现困难或遭受减产者可以平衡消费。进一步的，它们被视为刺激私人资助贫困治理的工具，这可以减少政府贫困治理的成本。19世纪30年代，爱尔兰颁布了《济贫法》之后这一点变得尤为重要。尽管皇家委员会对爱尔兰贫困阶层状况调查而形成的1836年度报告中，几乎所有的建议都没有被执行。然而，它建议在“每一个区建立贷款基金”却很快得到了立法支持。

到19世纪30年代中期，在爱尔兰运营了超过100家贷款基金，向穷人吸收存款和发放小额贷款。鉴于议会对贫困治理的兴趣①，以及《济贫法》的争论，这些没有实施监督的准银行茁壮成长。1838年爱尔兰议会立法建立了中央贷款基金委员会，该委员会提供年度报告对该体系实施监督。立法之后贷款基金大大扩张。19世纪40年代，基金数量达到顶峰。地方委员会经营了约300家贷款基金，旨在向穷人提供贷款。1843年，该系统发放了490870笔（或更多）20周贷款，余额为1650963英镑，法定贷款金额在10英镑以下。这一规定加大了社会控制，将贷款人限定为穷人。如果一年之中发放的所有贷款中，有1/3是可延期的，并且每个家庭只有一个借款人，则贷款基金向超过20%的爱尔兰家庭发放了贷款。一些县有30%～40%的家庭取得贷款。

① 遵循当今美国以及爱尔兰的称谓。

1843 年年底,贷款基金放贷额总计每人 0.05 英镑。相比于银行体系,这一成绩是显著的。银行纪录并不完全,但在 19 世纪 60 年代早期,它们在爱尔兰发放的信贷款估计不足 40 万英镑,或每人 0.47 英镑。通过这一计算,大饥荒之前的爱尔兰,基金贷款约达总额的 10%,在人口总数中占 2/3 的较贫穷的人群为贷款基金的主要放贷对象,其收入等于全国总收入的 30%。因此,尽管与穷人国民产值中的份额不一致,但基金活动规模显然很大①。作为贷款机构,基金似乎不很重要。其资金大于 4.05 万英镑,总贷款为 3.7 万英镑,不足商业银行贷款的 25%。尽管难以确定爱尔兰股份银行确切的行动水平,根据 1845 年皮尔银行条例,在其前一年限制了每家银行流通中银行支票发行的平均量。贷款基金系统未偿贷款,即发放到穷人手中的现金大于最小的三家股份银行中任何一家的流通量。虽然这一相对比较粗浅,但它用可得的可靠数字给出了基金系统的相对规模。贷款基金的规模过小,不能够改变爱尔兰,但它们对那些被有效排除出银行信贷之外的阶层,作用是明显的。它们的流动规模同样表明,穷人对金融活动的积极性超出了以前的认识。

19 世纪 40 年代晚期,在大饥荒造成的灾难中,约有一半的基金倒闭了,然而这一体系仍然十分重要。大饥荒之后的 50 年中,经济开始改变,银行开始提供更多小额贷款,特别重要的是人口减少,富裕程度提高。尽管如此,许多贷款基金仍然在运行。在大多数年份中,一些倒闭,新的又创建了。1880 年,75 家基金发放了 89590 笔贷款。1904 年,仍然有 57 家基金提供了 32278 笔贷款。到 20 世纪中期,所有的经营陷入停顿。

3.1.2 贷款基金的资本金来源

贷款基金的开办资金来源于捐赠和(或)无息贷款。慈善机构是捐赠的来源之一。例如,莱特肯尼贷款基金(The Letterkenny Loan Fund)受益于莱特肯尼妇女协会(The Letterkeny Ladies Association)57 英镑的捐赠以及改善爱尔兰贫困人口状况协会(The Society for Bettering the Condition of the Poor of Ireland)300 英镑的无息贷款。地主经常提供启动资金,大部分是无息贷款形式,要求在几年内偿还。

---

① 当然,这一信贷活动的测量忽略了高利贷者以及当铺。

对向贷款基金捐赠，存在着多样的(有时是矛盾的)理由。支持者似乎常致力于改善穷人的道德，借款人获得了接受严格(苛刻)的商业合同类似的经验。许多捐赠者宣布利他主义的愿望，试图努力缓解街区的贫困，或许可以增进社会福利。在其他情况下，基金被作为产生经济租金的工具，基金以工资或其他财务收益的形式被抽取。有些基金被认为充当一种征收代理。地主会鼓励佃户贷款来缴地租，然后让基金去收取贷款。当许多地主关心依据 1838 年爱尔兰《济贫法》资助缓解贫困而课征的税率时，其同样会被基金缓解贫困的功能所吸引。

3.1.3 贷款基金中的储蓄业务

尽管捐赠是多数基金创办的重要的催化剂，但在 1843 年，它在资产中的比重还不到 10%，吸取储蓄对于体系的扩展十分重要。从当时来看，贷款基金面临着来自股份银行以及储蓄银行对存款的竞争。一些基金鼓励小额储蓄，以便成为穷人的储蓄银行，可以发现一些新的储蓄来源。1843 年爱尔兰的储蓄人数刚超过 5000 人，或者大约 1500 人中有 1 个人拥有储蓄。储蓄人一般包括小农户、小商店经营者、积蓄了一些英镑的老佣人，以及贷款基金经理及其家人。上报的基金中约有 40% 有超过 10 个存款人，但在另一个极端，4.4% 的基金拥有者多于 50 个存款人。这支持了报告，即一些基金试图充当穷人的储蓄银行。

1843 年贷款基金支付的利息率高于 6%，而银行存款所得在 0% ~3% 之间。高利率导致一些基金产生了"过度储蓄"。然而，贷款基金的"慈善"特征可能对吸收储蓄也是十分重要的。在这一点上，正像在其他方面一样，既不是纯粹的慈善制度，也不是纯粹的商业制度，是混合制度。只有约 3% 的基金不付息。

由于基金贷款主要面对本区域内居住的穷人，多数贷款基金储蓄风险较银行要大。缺乏地理上的分散化，即基金易于遭受来自地方以及国家的负面冲击，如大饥荒清楚地显示了这给存款人带来的风险。尽管损失相当平均，委员会估计 1845—1849 年的饥荒期间，存款人损失约为 1 万英镑，或占饥荒前存款额的 2.7%。在其他时期，平均来看，存款人损失是可以忽略的。这与银行贷款地理分散化和与资产多样化形成对比。比如，英国政府债务构成了银行资产的很大比例。

尽管如此，鉴于这些限制，贷款基金资产的结构倾向于达到很高水平的多样化。首先，在19世纪40年代早期，800多笔未偿贷款中，平均来看，基金资产结构中没有贷款构成1%以上的资产。由于私人借款人风险不相关，这提供了某些多样化。其次，大多数基金采用了不适合于向粮食融资的偿还办法。最后，对一些缺乏金融知识的普通存款人，基金比银行显得更加安全。因为缺乏信息的存款人可以估计当地贷款的资产价值，从而当它是一种相当透明的中介机构。相比之下，因为其贷款资产不易识别，银行比较模糊。我们可以用大饥荒经验来评估风险升水，这对贷款基金存款人是很重要的。如果他们相信，向大饥荒那样厉害的外部冲击，每20年发生一次，那么，存款人20年期（包括严重的饥荒）的期望损失将约为4%①。对于一个风险中性的存款人而言，补偿这一期望损失的年升水约为0.2%。当然，风险回避的存款人无法取得资产多样化，需要某种程度上升较大的升水。在此情况下，由于贷款基金存款人获得了3%～6%的期望升水，他们的外部风险得到充分补偿。

除了可能遭遇借款人相关的严重的负面冲击之外②，基金面临的更多风险来自于经理人或职员的欺诈、不称职或推诿。银行也面临同样的问题。在分支机构中，经理人不称职或欺诈的报告在早期很常见。经理或店员的不诚实，放在委托—代理背景中看待，常见的问题是逆向选择与道德风险。基金可以采用两个重要的机制帮助减少这类问题：

第一，存款人有权力选举经理人，经理人通常是当地的牧师或地主。由于存款人可能了解经理人或其家族的个人情况，或者有着联系，从而会增加对基金的信任。这样，尽管基金的社区特征限制了资产多样化，减少了经理人可能集，但是，它提供了腐败的阻力，增加了机构的信誉。经理人要监督基金运营，但不支付任何报酬。

第二，有助于减少经理人欺诈或不称职的机制来自贷款基金委员会的监督。基金委员会是中央管理当局，通过向所有贷款与存款征收小额费用获得资金支助。作为没有剩余索取者的慈善制度，贷款基金是脆弱的，在一些情况下，易于被寻租的经理与职员“劫持”。比如，一些职员以高额工资的

① 1840—1859年贷款基金存款人的实际损失总额。

② 这很少见，因为尽管在整个19与20世纪，爱尔兰遭遇了几起饥荒，但19世纪40年代的大饥荒是单独的事件。

形式抽取租金。委员会通过稽查每个基金的账目以及出版年度统计报表提供信息。这样,存款人不但通晓自己基金的运行状况,而且可以了解其他基金的运行状况。

3.1.4 贷款基金中的贷款业务

尽管某些基金允许以月为周期偿付贷款,但大多数情况下,基金以周等周期贴现贷款,偿还本金。这种偿还时刻表限制了贷款基金可以支持的活动,特别不适合于向种植业提供资金支持。贷款的贴现率上限为 2.5%,但在基金间有相当大的差异。一些要价低于最大值——因为经理希望帮助借款人,而在另一极端,一些基金会获得大量利润。平均年利率是 11.3%,按期还款通过向延期还款者征收罚金而得到加强。迟还一天的罚金,通常是贷款面值中每英镑 1~2 个折扣点(0.4%~0.8%)。在有些基金中,罚金构成了收入的十分重要的来源,而另一些基金则不征收罚金。通过惩罚现金流欠稳定的借款人,罚金对借款人类型进行了事后划分。罚金同样十分重要,因为仅有面临真正流动性问题的借款人愿意支付罚金,这向基金提供了重要信号,需要进一步调查借款人。以周为基础的偿付体系,对居住地离贷款基金办公室较远的借款人来讲,增加了其大量的时间成本。但是,它导致了较低的违约率。

尽管贷款不需要担保,贷款基金拥有一种执行上的优势。假定由于慈善特征以及贫困缓解作用,免缴印花税。这有大约 2% 的倾斜,允许贷款人要求公平正义来执行合同,而不是较慢的季度会议。这有效地使贷款基金优于债权人①,他们尚未上缴印花税——因为“贷款基金判决比街区会议判决更易于下达”。通常,银行要求借款人交纳印花税,以确保其作为债权人的优先性。

小农户、小商贩以及普通劳工构成了社会的最底层,这一群体构成了贷款基金的主要客户。1865 年,戴温使团占领之前的许多目击者都记载了贷款基金客户社会地位之低。1870 年后,其他基金的资料显示了女借款人的比例大致相似,表明贷款基金尤其成功地覆盖了贫困人口最重要的部分。

贷款要大到一定程度,才会对借款人有显著的经济性。有资料估计,

---

① 如商人、地主以及高利贷者。

1840 年前后，爱尔兰居民中最贫困的 66% 人口，人均年收入约为 4.30 英镑[①]。在 19 世纪 30 年代后期与 40 年代，平均贷款约为 3 ~4 英镑，几乎与借款人家庭人均年收入一样多。尽管缺乏更全面的资料，但有证据表明，贷款金额多为 2 ~5 英镑。

许多基金表明，贷款倾向于是"自偿性的"。合适的项目包括：购买可以售奶的奶牛，几头猪或几只羊，工匠购买工具，小商贩进货。在农村生产中有助于发展多样性的项目，特别对于家庭水平是十分重要的。于是，小农户一般不得不在其他农场打零工，或者以其他方式，如卖鸡蛋和奶酪或家庭养殖，以补贴家用。然而，贷款同样资助交租金与趸买食品。总体而言，"自偿性"贷款主要为投资提供资金。尽管有这些限制，大量的多样性记录可能支持了贷款既向投资又向消费倾斜的想法。

3.1.5 贷款基金的管理

可持续的中介机构需要能干的管理，对于基金，这一点是显著的问题。尽管经理人可以得到一些社会收益，但他们不能依法得到任何补偿。于是，许多基金发现难以招募志愿者。由于经理人面临没有报酬的困难，不负责任的渎职以及制度的滥用是不可避免的。

基金采用几种机制以解决这一问题。第一，由借款人选举经理人。第二，由雇佣来的职员处理日常经营，经理人的玩忽职守可以在某种程度上得到缓解。因此，经理人实际上的作用是对职员实行有限的监督。第三，贷款基金委员会执行定期检查，每个基金被要求提供详细的年度报告。委员会对职员工作与程序提供标准化模板，有利于管理与检查。相比于私人公司，在机构作为金融中介缺乏经验的时期，基金的慈善性质有助于将成功经验公之于众。尽管远不完善，委员会在发现与检举腐败与不称职，以及传播与鼓励良好作法上，执行着重要功能。

每笔贷款的管理成本平均为贷款面值的 1.2%。这表明，一般而言，体系的性质以及本地管理，能有效控制成本。然而，成本波动相当大，一些基金费用成本高达平均值的 2 倍。委员会建议，基金费用高出 1%，属于"运行成本昂贵"，尽管几乎 60% 的基金难以达到这一标准。约 40% 的基金有两个

---

① 对全体人口而言，估计人均年收入约为 10 英镑。

职员，但一小部分基金没有职员，仅有不到7%的基金有5个或更多职员。每个雇员工资的分布状况是不对称的，大部分雇员的薪水低于平均工资，而一些则享有高薪。多数是大约12英镑，均值为17.7英镑。相比而言，扶贫院官员可以挣到10~20英镑，而男教师与女教师约为60~80英镑。

3.1.6 贷款基金的慈善捐赠

由于贷款基金没有剩余索取者，这为其将一大部分利润投向其他慈善事业提供了可能。实际上，当地社区成为基金的剩余索取者。基金倒闭后，剩余资本被利于创办附近的新基金或者提供给当地的其他慈善事业。尽管各种各样的项目都被资助过，当地的医院与学校是基金首选的慈善机构。例如，1860年，一家贷款基金宣传说，作为“次要经营”，基金可以：

①充当一家储蓄银行；

②支撑一个120名学生的婴儿学校；

③创办一家金属学校；

④聘请苏格兰农学家培训当地农民；

⑤为农民提供新种子品种；

⑥扶持妇女协会机构，以改善女性农民的状况①；

⑦在短缺时期，储存煤与肉，以便保本销售；

⑧每天平均雇佣82名困难力工，从事公共工程；

⑨鼓励节制习惯，施行广泛的道德影响。

该基金规模远大于平均基金规模，在这种扩展性的慈善经营中花费了900英镑。

基金慈善捐赠的总量并非无足轻重。1843年，这一总额略高于1.1万英镑。据当时的估计，经营100个救贫院需要29.5万英镑。因此，基金除了向借款人提供贷款外②，同时提供了《济贫法》正常运行大约4%的期望成本。此外，其服务还减少了贫困的需要。因此，基金向社区提供了正的净收益。

---

① 支持了471个女性农民。

② 比如，增施了消费者剩余。

3.2 德国农村信用合作社

3.2.1 德国农村信用社的历史及机构①

19世纪50年代，信用合作社开始被引入德国。到1914年时，它们合起来成为一支重要的金融力量。当年共有1.9万家信用合作社发放贷款，占德国所有银行负债的7%。大多数信用合作社比银行小，付薪员工少，其顾客是大多数银行不愿接受的群体。

在19世纪后半叶的德国，农村信用是许多主要问题之一。土地改革与农村解放产生了自由但却缺乏资本的贫民。19世纪80年代，农产品价格下降，留下一些负有严重抵押债务的土地。德国一些州允许城市设立专业银行[称之为斯帕克森(Spankassen)或储蓄银行]，以及几类土地银行与其他贷款机构。这些机构与德国著名的大众银行一样，都不愿意向小农与劳工提供合理的贷款条件。在信用合作社被引入之前，德国小农与佃农从商店主、农业商人与其他非正式贷款人那里取得贷款。德国的信贷状况似乎与当今发展中国家的情况相似。信贷是昂贵的，一些记载描述了相关市场与信贷的联系，作为某些其他交易的部分。一般认为，显性与隐性成本之和导致年利率超过30%并不少见。

鉴于这些条件，在19世纪40~50年代，赫尔费·舒尔茨·德里茨科创办了几家信用合作协会。到1861年，364家舒尔茨·德里茨科信用合作社，共有约4.9万个会员。舒尔茨·德里茨科信用合作社主要针对城市工匠、手工业者与店主。这些信用社在农村地区很少，但在缺乏农村信用社的地区，经常服务于农民。瑞芙森信用社倾向于仍然留在农村。后来，威尔汉姆·汉斯开创了合作运动较为实际的分支。19世纪末，汉斯的集团成了德国农村信用合作社的主体。

1889年前的《合作法》之前，德国合作社没有有限责任性质。1889年后，许多舒尔茨·德里茨科信用社转向有限责任形式。甚至1889年，所有的

① 对于德国信用社的有关历史资料，Guinnane，Timothy W.(1993，1997)提供了较为详细的背景资料，本部分采用了其有关数据。

瑞芙森信用合作社与大部分汉斯合作社仍然保持无限责任形式。法律与政策上,信用合作社仅向成员发放贷款,但向成员与非成员一样吸收存款。1889年《合作法》要求,所有信用社须有股份资本,但多数农村信用社设立了仅有名义价值的股份。另一方面,城市信用社则常常设立有价值的股份,并向成员派发优厚的红利。大多数信用社只缴一次会员费,但农村信用社会费仅有几马克。信用社税收因时因地而异,但信用合作社只要与成员交易,通常被免除商业税。信用社有三个管理机构:管理委员会(Vorstand)代表信用社作出判断,做出大多数重要决策,接收新成员,发放贷款等;监督委员会(Aufsichtsrat)不定期召开会议,监督管理委员会;成员集体(Generalversammlung)每年开会选举管理委员会与监督委员会,对诸如利率之类的基本政策做出决定。每个信用社有一名会计,按劳分酬。

由于规模较小,单个信用社面临严重的流动性问题及信任问题,这种问题困扰着任何金融机构。由此当局设立了地区性的机构,以帮助信用社解决这些问题。合作中心是一种地区性合作银行,从地方信用社吸收多余存款,并向其发放贷款。审计协会就合作方法提供指导,培训会计记账,以及1889年《合作法》所需要的审计。通过加入合作中心或审计协会,信用社同意遵守特定规定。但每一家信用合作社在利率、最大贷款额与大多数其他政策事宜上保持自主权。

(1)信用社的信息与执行

农村信用社有意地将经营限于少数人,以及较小地理区域。1913年,瑞芙森机构报告说,80%的信用社处于居民数为3,000人或以下的区域。信用社领导人宣称,信用社限定了较小地理区域,比如一个村庄或几个小村,现有的或潜在成员对于彼此习惯、性格与能力相当了解。成员筛选潜在借款人,并监督贷款者。成员之间同样可以施加经济的或非经济的制裁。

理论上,信用社可以通过筛选与监督获取信息。信用社成员可以将监督借款人作为日常活动的一部分。无论是否借款人,如果他们饮酒或以其他方式行事,使其不适于作为商业企业的成员,信用社有权力逐出成员。信用社同样有执行贷款条件的优势。因为信用社局限于本地,拒绝那些居住于本地区之外的成员。成员不偿还贷款被逐出一家信用社后,将会被任意一家信用社拒之门外。这种被解除原因的公开信息,在成员自己的村庄中同样是成本高昂的。信用社将相互之间有许多联系的个人结合在一起,制裁可以在与信用社无关的方面采用。没有偿还贷款的借款人会发现自己难以找到工作,或者作为雇主被迫预先向工人支付工资。制裁同样可能是非经济的。同样,由于信用社发放贷款的规模较小,执行成本很低,制裁尤其重要。

许多信用社成员不向信用社负债。实际上,在信息可得的 20~25 年期间,许多成员从未贷过一笔款。有两个严格的经济原因可能解释这些非借贷成员的行为。首先,一个人的收入取决于邻居的好运①,可能加入是因为信用社会增加自己企业的需求。其次,许多信用社处于远离其他储蓄机构的地区②,加入信用社会获得监督贷款用途,以及贷款改革与设置存款利率的参与权。信用社非借款成员的出现对于筛选、监督与执行是重要的。这些个人阻止了借款人之间的合谋安排,使机构易于从成员与非成员中一样吸收存款。金融中介中的存款人,通常不得不考虑机构管理层如何处置其资金。加入信用社,有助于借款人选择管理层。

(2)信用社外的其他选择

19 世纪,大部分讨论集中于信用社与其他贷款人及金融中介的联系。原则上,信用合作社有四个备选项。

第一个是大的正规银行(Kreditbanken),它在近年来对德国银行体系的研究中,获得广泛关注。如今,信用社与这些银行展开了面对面的竞争,如争夺储蓄以及贷款业务。另外,在 19 世纪,银行与信用社很少竞争。直到 19 世纪 80 年代及以后,大多数德国大银行本身没有花费气力吸收储蓄。而且,大银行也没有多少兴趣向那些愿意加入信用合作社的人员借款。

另一类大机构对信用社存款构成严重竞争。德国各州几乎都有城市或地区储蓄银行。此类机构大多居于城市,最初宗旨在于为穷人与劳动阶层的保证小收入安全存放。这些银行从政府那里获得了存款担保。作为一个政策事实,大多数斯帕克森将其资金投资于城市地产与政府票据。它们也发放一些小贷款。这样,在存款市场上,斯帕克森构成对信用合作社的竞争,但在贷款市场上却很少形成威胁。存款竞争的程度严重依赖于信用社的位置。许多农村信用社离其他金融中介很远,而城市信用社由于缺乏政

① 如店主或当地工匠。
② 如斯帕克森(Spalkssen)。

府担保，不得不支付足够高的利率，以补偿存款人。

信用社的第三个备选项是小银行，通常是个人制或合作制的，称为私人银行（private bank）。由于迷信大银行，这些银行的地位常被人们忽略，但大银行初期的核心通常是一家或较多私人银行。且远到20世纪，私人银行在德国金融体系中占据了重要的地位。私人银行在农村地区与农信社争夺大额优质贷款，信用社也愿意发放这些贷款。在城市地区，它们是一些主导企业的竞争者。私人银行不吸收储蓄，因此在这一方面，它们不是竞争者。一些私人银行通过吸收过量存款或扩展信贷来支持信用社，特别是在19世纪70年代信用中心社取代这一位置之前。

在信贷市场中，信用合作社最重要的备选项是放债人。放债人可以是专业的，也可以是将扩展信贷作为其他活动——诸如卖牛或肥料的一部分的个人。农村合作社的领导人显然视放债人为主要竞争对手，因为合作银行体系的扩张会将农村居民从对放债人的需要中解放出来。

3.2.2 德国农村信用社的贷款政策

商业银行的贷款政策，使其不适于小农及农村贫民的信贷需要。银行的支持者争辩说，备受谴责的政策属于正常的商业实践，特别是面对穷人交易时，银行对其知之不多，或者银行难以执行贷款条件。合作运动中，银行的批判者特别指向了三个政策：依靠短期借贷，贷款需要担保人，以及大额贷款需要抵押品保证[①]。借款人可能有效地拥有一笔为期3～4年的贷款，但需要他每三个月延期一次。贷款人可能周期性地满足借款人条件，可以迫使借款人放弃非流动性投资。短期贷款是19世纪银行业中的共识。短期贷款给借款人施加了几重成本，这一成本对农业经营者尤为苛刻。首先，是每三个月延期贷款的成本。借款人不得不付出交通费，损失工作时间来银行办公室。如果贷款有担保人，他也不得不到银行来延期贷款，这些成本会更高。其次，贷款延期有利于贷款人的流动性，通过这样做，防止了借款人投资于可以增加收入的长期项目。

从贷款人角度看，担保人可以筛选借款人。银行可以接受的担保人类型会对借款人形成显性成本与隐性成本。任何与贷款有关的担保人成本，

---

① 通常是土地。

比如，前往贷款办公室，最终都由借款人承担。借款人不得不以免费劳动或其他支付的形式给担保人服务支付①。抵押有类似特征。抵押成为筛选机制后，更能激励借款人辛勤工作，采用安全的生产办法。根据《权益法》与《抵押法》，抵押可以使贷款条件的执行简单化，成本也可降低。但是，抵押同样有成本，例如登记抵押品的成本。合作运动热衷于服务的很多人中，很少有或没有什么可以被正式的金融机构视为抵押品。

德国农村信用合作社的贷款政策表明，信息与执行是严重问题。它们发放长期贷款；它们将正式机构不愿接收的个人作为担保人；尽管也采用抵押，但很少采用。其领导人认为，长期贷款实际上是建立合作社的重要原因。

大多数合作社的贷款由担保人担保。但这一安排显著不同于银行与其他正规放贷人的做法，即合作社愿意接受的担保人本身较贫困，很少有在违约时可以被收缴的资产。信赖这种类型的担保人，意味着合作社以两种方式具有充分信息与执行能力。第一，担保人不很富裕，意味着合作社很少首先考虑到抵押品；第二，按受较穷的担保人，意味着合作社对担保人知之甚详。

抵押品如果需要的话，通常是土地与房屋。贷款采用抵押时，不仅随时间不同而不同，不同合作社之间也不同，但没有一家严重依赖它。1901 年，德国瑞芙森合作社贷款余额中仅有 23% 以抵押品担保。抵押贷款金额通常大于其他贷款，但记录包含了很多笔大额贷款以个人担保发放。

贷款用途直接依赖于贷款人的信息与执行能力。一些用途唯一有用的信息，是有关借款人自身。而另一些用途，贷款人需要调查特定项目成功的概率。同样，具有可销售的实质性投资的项目，执行起来较易于高度限定项目。合作社领导常常暗示，他们将贷款限于生产性用途。但散见的参考资料表明，合作社经常发放贷款用于偿还借款人修葺房屋等。宣称贷款仅服务于生产用途常常暗示着这些贷款易于监督。

德国农村与城市信用合作社贷款政策的差异，证实了农村信用合作社的效率。城市信用合作社有同样的结构，但成员较多，且经营环境中成员之间相互联系很少。缺少存在于农村信用合作社成员间特征化的经济与非经

① 特别是，如果担保人处于借款人社会上层。

济联系。由此,其贷款政策与银行贷款政策近似,大多数贷款是短期贷款,一些信用合作社中,最常见的贷款是贴现票据。环境与贷款政策的基本差异强化了这一概念,农村合作社可以将信息与执行能力资本化。

将这里给我们的证据放在一起,强烈地支持了这一观点:德国农村信用合作社的成功,在很大程度上是由于能将内含于规模小以及地方机构而带来的信息与执行能力资本化。合作社不需要其他放贷人用于补偿其信息不足与执行能力的众多合同条件。至少在部分上,农村合作社政策反映了该机构能利用当地信息区分风险,而且在贷款发放后,可能监督借款人。农村合作社贷款政策不同,是因为农村合作社具有其他放款人不具备的借款方法。

3.3 玻利维亚阳光银行

3.3.1 阳光银行的基本状况[①]

阳光银行是一家私人完全特许的商业银行。经过长期孕育,阳光银行1992年开始早期运营。正像玻利维亚其他银行一样,它的经营接受了中央银行管理,遵守银行与金融机构管理当局的审慎原则。与其他玻利维亚银行不同的是,它的资产完全由小额贷款构成,且运行良好。因此,阳光银行是由财务运行良好的银行转向小额信贷的成功典范。

尽管性质上为私人银行,阳光银行却有着深厚的利他主义基础。其股东中,主要是非政府组织与捐赠机构(持有约占75%的股份)以及有影响的玻利维亚商人(持有约占25%的股份)。与其他小额信贷机构不同的是,它定性为有管理的私人银行,且通过商业上可行的利润最大化策略,明显追求利他主义目标。由于股东相信,赢利性的经营能最好地服务于其利他主义目标,阳光银行的股东期望得到利润。因此,他们很可能再次投资,以求得覆盖面的进一步扩大。在市场位置中强烈关注财务可行,是阳光银行绩效

① 有关玻利维亚阳光银行的研究资料比较少见。Gonzalez - Vega, Claudio et al(1996)描述了阳光银行面临的挑战, Navajas, Sergio(2000)分析了阳光银行的目标客户问题, Vagelgesang, Ulrike(2003)分析了阳光银行的危机应对机制。本部分的研究,基于上述文献的数据资料进行了分析整理。

良好的基础。

阳光银行的所有权结构形成于 PRODEM 的非政府组织起源。这一小额信贷机构 1987 年开始经营,它的迅速成功使阳光银行的出现成为可能。尽管 PRODEM 目前拥有阳光银行 1/3 的股份,PRODEM 仍继续自己的业务,专业于农村小额信贷。

到 20 世纪 90 年代,PRODEM 的持续增长受到了其非政府组织地位以及无法募集到比捐赠更为灵活的可贷基金的双重限制。来自市场的基金会允许这一机构对如下两方面做出反应:对信贷的大量的与明显可以证实的需求,以及这些需求存在强烈季节性时更好地管理其现金流。就这样,创立了阳光银行,以对 PRODEM 成功增长的预期限制做出反应。

阳光银行建立时,PRODEM 向其转移了 39.6 万美元的贷款资产、1.43 万位客户,城市分支机构的一些不动产以及本息 8% 的 PL480 贷款 85 万美元。最终转移的未偿贷款资产总值 6477029 美元。更为重要的是,PRODEM 向阳光银行转移了一项无形资产,这为阳光银行迈向成功创造了最初条件。转移给阳光银行的重要无形资产包括:贷款技术、信息资本存量、现有客户联系、人力资本、声誉、与跨国银行建立的良好联系以及严格履行其使命。

形成并升级为一家受管制的银行,可以为它带来新的好处:①可以在市场上更灵活地动员资金;②从规模增大中实现的权益(规模经济与范围经济);③成为银行带来的进入市场的无形资产;④来自审慎监管人对金融绩效的严格、职业以及有效的监管,带来的保护。

较之于捐赠基金,来自市场的基金一般利率高,期限短,宽限期短。但是,阳光银行变得更加有效。新的基金来源有助于避免高的交易成本以及缺乏适当支出问题,这在 PRODEM 时期是经常遭遇到的。

尽管动员小额储蓄成本高昂,阳光银行却了解这一业务的社会价值。机构正在采用更为有效的技术与程序以将这些成本减到适当水平。考虑到保持与客户的长期联系,负债的多样化以及从商业性基金来源中产生的独立性,动员储蓄似乎是这家小额信贷机构的明智投资。

3.3.2 阳光银行的覆盖面

(1)覆盖面广度

根据拉丁美洲标准,至少有六个指标表明阳光银行的覆盖面广度是显著的。[①]

第一,1994 年 6 月至 1995 年 6 月,每月未偿贷款资产余额均值为 3000 万美元。这一覆盖面指数反映了自 1994 年转换为银行以来资产的飞速增长。随后的 1995 年,由于机构进入了合并时期,资产有所减少。1992 年 ~ 1994 年阳光银行资产不变价值增长了 10 倍。

第二,贷款支出年流量表现出同样趋势,1993—1994 年增长加速,1995 年放慢。作为贷款流动强度的指标,阳光银行 1994 年支出 8400 万美元,比阳光银行创立之前的年份 PRODEM 发放的多出 5 倍。

第三,资产增长反映了有流动贷款额数量的迅速扩张。1994 年客户数量已从 1992 年 2 月转自 PRODEM 的 1.43 万名增加到 6 万余名。拉美的其他小额信贷机构从未有如此大量的现有客户数量。

第四,贷款发放笔数每年增长迅速,1994 年达到 143037 笔。

第五,机构规模迅速扩张,允许阳光银行的很多新借款人连续增加资产。1993 年为 23510 人,1994 年达 30021 人。从 1987 年 PRODEM 创始,到 1995 年 6 月,新客户累积数为 100539 人。这些客户中约 2/3 在 1995 年 6 月资产中仍然存在,这表明基于其服务提供的价值,发展了长期的客户联系。

第六,阳光银行向客户提供了有价值的自愿储蓄便利,储蓄人数增长迅速。1994 年 12 月到 1995 年 6 月,未偿存折账户平均数为 29753。这些存款主要来自借款人,并存在较小的平均余额[②]。相应的,总的未偿余额为 2100 万美元。另外,32 万美元产生于 1049 笔定期存款,平均余额3092美元,可能由较为富裕的个人或机构(包括 PRODEM)持有。阳光银行小额信贷服务中自愿存款的总和表明其覆盖面质量的重要改善。

(2)覆盖面深度

覆盖深度而非覆盖广度,意味着成功地克服了向目标客户销售服务的困难。这些困难与借款人贫困状况相关。从这一角度,正如贷款发放平均额度较小所反映的那样,阳光银行的绩效同样是显而易见的。平均贷款规模仅为玻利维亚人均国内总产值的 1/2。

更为重要的是,资产增长更多与借款人数量增长相联系,而不是与未偿

---

① 由于资料有限,有关覆盖面的分析资料数据有些滞后,但对于问题的分析仍是有益的。有关数据见 Gonzalez – Vega, Claudio et al(1996)。

② 69 美元。

贷款平均规模相联系。平均余额,从 PRODEM 时代的约 150 美元,增长到阳光银行早期的 250 美元,直到近年来的 500 美元。类似的是,每笔贷款的发放量,从阳光银行早期的高出 300 美元,增加到 1994 年年初的 600 多美元,但下降到 1995 年中约 550 美元。平均贷款余额的增长是增长的一个方面,需要进一步解释。然而,似乎这一增长并没有伴随着目标穷人客户的偏移。

尽管阳光银行的客户是穷人,但是不属于玻利维亚的赤贫阶层。在其他方面,这一事实反映了先决条件,即客户申请贷款之前必须至少经营现有事业一年。阳光银行目标市场宗旨的意义——贷款有多小,客户有多穷。在所有者有关机构使命的评论中,一直是长期争论的话题。然而,毫无疑问的是,阳光银行的大多数客户可能从未期望过接近传统的正式金融机构。同时,较之于传统的非正规信贷来源,客户更喜欢阳光银行。阳光银行可以合法地宣称,扩展了小额信贷的前沿。

3.3.3 阳光银行的贷款产品

阳光银行向客户提供许多贷款产品,以及三个存款产品。贷款面值为玻利维亚元或美元。以玻利维亚元提供的贷款期限较短,且通常比美元贷款更需要经常偿还。所有贷款等额分期摊还,仅向未偿余额索要利息,且不需要被偿余额。这些性质中,每一条都增加了合同价值。出于启发式目的,三种类型玻利维亚元贷款分类,根据每周、每两周、每四周支付;两种类型的美元贷款,根据每两周或每四周偿付分类。

玻利维亚元每周偿还贷款典型地向第一次借款人发放,且以 4 个月作为平均期限。这些贷款多以小额发放,贷款规模中值为 62 美元,均值为 82 美元。每周平均偿还 5 美元,平均未偿余额为 34 美元。贷款名义利率为月息 4%,以及贷款金额 2.5% 的平均延期费用。贷款中值中,这些条件包含月息约 6.1% 的有效利率,以及月息 4.9% 的真实利率。

随着客户与银行联系的进展,摊还贷款的频率转为每两周或每四周一次,这依客户的职业与现金流而定。每四周偿还的贷款,到期条件增加到平均 6 个月和 1 年以上,平均贷款额增长到约 103 美元,有效利率降低为名义利率月息 5.2%、实际利率月息 4.0%。真实有效利率水平仍相当高,强调了进一步减少阳光银行经营成本的重要性。

阳光银行的平均贷款额度隐藏了额度分布,由大量(或约占总量 3/4)超小贷款与少量较大额贷款构成。这些多样化的产品,产生了不同的收入流,且构成经营成本的不同份额。较大贷款可能更易获利,且在这一意义上变相补贴了发放小额贷款的成本。超小贷款的机构与客户贷款成本都是昂贵的,但是,这是双方创立长期联系无形资产的必要投资。它们导致较大的远期贷款,且总体联系对银行而言似乎是有利润的。更进一步,从客户的角度来看,获得贷款是阳光银行对其选择的有效证明,尽管从阳光银行贷款成本较高。

3.3.4 阳光银行的财务可持续性

一个可以存续的小额信贷机构,在一定时期中产生了足够的收入,可以弥补各种生产要素与控制基金的成本,同时,能够全方位及时地履行其负债所隐含的合同责任,这要求能保持股份的真实价值。能够实现这一点,而不需对其经营费用、负债与股权进行补充的机构是商业上可持续的。因此,是潜在的自我可持续的。可持续性因为未来而重要,不仅仅表现为覆盖问题。因为它强调了小额信贷机构永久经营的理念,可持续性对所有那些与其生存有利害关系者产生了激励相容,这些人包括顾客、经理人与职员。

在传统的定义与假设下,可以认为,自 1994 年来,阳光银行已不再依赖补贴。甚至在阳光银行创立之前,PRODEM 已经在自我可持续性方面取得了重大进步,补贴依赖指数由 1988 年的 115% 下降为 1991 年的 18% 。也就是说,在 1988 年,有必要将贷款资产收入翻番,才可以补偿 PRODEM 接收的补贴;而在 1991 年将资产转移给阳光银行之后,收入只需增长 18% 。

PRODEM 通过减少经营成本,而不是增加贷款利率来减少其补贴依赖。指出这一点是很重要的。与其类似,阳光银行通过正规化与增长来减少平均成本,而并未提高贷款利率。同样,阳光银行也不是通过寻求软贷款,或经营捐赠来减少补贴。阳光银行收到的大部分补贴收入不足以补偿其股份的机会成本。这些补贴,对其生存几乎不构成威胁。相比较而言,PRODEM 的补贴依赖在阳光银行创立之后显著增加。为补偿 1995 年的所有补贴,阳光银行需要产生其贷款资产额 27% 的真实年收入。鉴于玻利维亚通货膨胀,需要的名义收入为其贷款额的 41% ,阳光银行可以获得。较之于一些小企业项目的边际收入率,需要用来产生这一收入的贷款利率仍然很高。较之于其他投资项目,这些小企业项目,在玻利维亚是有吸引力的。

3.3.5 阳光银行面临的问题

在增长过程中,阳光银行不得不面临两个挑战:第一,作为平均营利性资产,一部分的名义收入,从转换为阳光银行时的约40%,下降到最后18个月的约33%。营利资产平均收益的减少是不足为奇的。它部分上是由于有经验客户良好的偿还记录,使得资产结构中大额贷款日益增加引起的。然而,较之于新借款人的小额贷款,这些贷款产生了较低的有效利率。更进一步的,阳光银行不像PRODEM那样收受捐助弥补经营费用。较低的平均收益同样反映了非贷款资产份额增加,如现金与储备,比贷款的收益率低。这些非贷款资产可能是正规化的必要负面影响。需要满足法定储备要求,可能是较大机构规模的负面影响,增加了基金转移的成本。在雇用了有经验的银行家后,阳光银行显著地改善了非贷款资产管理。

由于从捐赠基金转向市场化负债,阳光银行不得不面临第二个挑战。这一转变将资金的年平均成本由转换时的4%增加到当前以名义价值计量的12%。在1991年年底PRODEM的负债中,约有15%是存款,19%是私营机构贷款,剩余的68%是公共机构贷款。到1994年,公共机构贷款仅占到总负债与股本的2%,存款占到66%,私营机构贷款为16%。资金平均收益的下降与平均成本的增加,使阳光银行经营剩余下降了13个百分点。阳光银行通过将作为营利资产一部分的经营费用由1992年的31%,降为1994年的18%,成功应对了这一挑战。作为这一过程的一部分,经营费用在总费用中的份额从1992年来的84%下降为1994年来的59%。平均经营成本迅速而大量减少,使阳光银行能重新加强财务的可持续性。因此,在整个时期,留存收益仍旧达到平均营利资产的2%的水平。

总而言之,伴随着资产老化,客户联系的发展,经营的正规化,以及转换为非补贴基金,阳光银行的中介剩余减少了。但是,通过平均经营成本更为显著地减少,这一挑战被成功应对了。反过来,经营成本的减少,缘自总体经营增长、规模经济、平均贷款额的增加,以及平均贷款期间的某种增长。这允许银行保持其资产收益率。

转变为一家正规的金融中介后,通过市场上的存款与债务工具,带来了基金增长。由于银行性质以及明显成功,阳光银行可以将负债与股本比率由1992年年底的1.0增加到1994年年底的6.2。资产收益率稳定,股本收益率增长迅猛,由1992年的4.1%增加到1994年的13.8%,反映了较高的杠杆利益。

阳光银行可持续性的另一个显著方面是相对较低的贷款拖欠与损失。由至少1天拖欠贷款表示的资产比例,1994年年末为45%;资产中仅有1.3%显示出拖欠60天以上;不良贷款占到资产3%。较低的违约率在小额信贷机构中是不常见的。这反映了阳光银行致力于经营的可持续性,以及由贷款技术带来的很强的偿还激励。

3.3.6 阳光银行贷款技术的激励结构

阳光银行的客户是贫困家庭,职业是非正式的,经营活动风险高,不稳定,贷款交易为小额、短期、非担保贷款。大多数金融中介发现,像阳光银行提供的客户贷款,其成本与风险高得难以接受。对很多小额信贷机构来说,由于偿还率低、经营成本不足造成的损失,不利于自我持续性。阳光银行可以在成本与风险间求得一定水平的平衡,而这种自给自足大多是通过设计符合其市场宗旨的贷款技术来实现的。

阳光银行贷款技术的作用,主要反映为一套有效的偿还激励,且可被机构以相对低的成本执行。这种低成本反映为深入甄别与监督,而强调了合同设计与合同执行。

第一,阳光银行与客户交谈中经常强调,借款人获得的不仅是一笔贷款,而且是与值得信赖的贷款经理人的一种长期关系。这构成了很强的激励,可以通过客户间的共同经验证明。

第二,这种激励包括了对绩效良好的客户贷款合同期限与条件有序的大量改进。实际上,还款记录良好的借款人,不但可以获得不断增大的贷款额度,而且贷款期限会延长,偿还频率会减少。这些变化反过来意味着有效贷款利率与借款人交易成本的显著减少。因为随着客户与机构关系时间的推移,信贷服务质量会大大改进,这种合同设计引入了有力的激励。

第三,阳光银行可以通过经常偿付降低监督成本,这大多通过小组拖欠的直接证明来实施。信贷人员不对借款人进行成本高昂的、有目的的访问,除非已经检测到问题。相反,这种访问由未能偿付引发,而借款人会在一天之内被告知。更进一步的,阳光银行不接受小组或任何小组成员的偿付。如果偿付额不足以弥补整个小组欠款总量,小组成员会被引导着互相监督。

为使这种代表性的组员监督更便利，要求组成员彼此之间工作环境很近。

第四，通过减少借款人的交易成本，及时偿付增加了顾客与银行联系的价值。新借款人的申请在几天之内被处理，而对老的借款人则即刻办理。因为在较早的贷款到期之前，追加贷款会被接受与处理。为适应客户需要，简化程序同样降低了交易成本。

第五，除组员之间联合责任之外，不再需要更多贷款担保。这反映出，与阳光银行联系的高价值，是一个附加的决定因素，至少对那些不能够提供其他贷款人需要的担保的客户而言是这样的。正是技术的这一特征，使得阳光银行可以吸引没有更好选择的客户，扩展了小额信贷的前沿。

然而，由于它创立的激励对小组成员的偿还意愿具有模棱两可的影响，联合责任无法保证偿还。这缘于两种相反的外部性。一方面，没有违约的成员会替违约成员或可疑贷款偿付，以防止与阳光银行关系受损。另一方面，如果偿还违约者贷款的成本高于联系的价值，则一些成员的违约会促发其他成员的违约。偿付依赖于小组的稳定性，这可能被这种冲突的效应强化或威胁。在阳光银行案例中，理解这一效果的净余额需要作进一步研究，然而事实是，贷款拖欠与损失均很低。

与团体借款相伴生的不可避免的刚性，可以进一步减少这种联系对客户的价值。在其他问题之中，这种刚性包括需要步调一致的贷款到期日与偿还时刻。同时，需要参加小组会议。这样，联合责任对借款人而言，如果借款人不获得个人贷款，代表着相对较高的成本与风险。这样，联合责任的负担，必须加上同样借款客户不方便的成本。

第六，向客户提供的高度个人化的服务，代表了偿付的另一个强有力的激励。在信贷人员与借款人之间，建立了长期的个人联系。从这一联系中产生了履行合同的强有力的非正式激励。类似的个人联系——可能已经存在，在借款小组成员间进一步加强。更进一步的，阳光银行成功地转变了经营文化，个性化了组织形象。

第七，在没有履行贷款责任时，惩罚威胁的可信性同样强化了合同履行。这些信誉来源于：①对拖欠的直接反应。第二天即做出反应，随后信贷人员与小组均介入，以寻求解决方案；②作为拖欠的结果，改善合同期限与条件的过程被打断；③如果违约，则整个小组未来的贷款将遭拒绝；④在小额信贷计划之间分享违约信息，防止了违约借款人转向其他机构。

这样的讨论,揭示了小额信贷典型的难题是如何被阳光银行贷款技术试图解决的。它的相对成功表明,在贷款人与借款人双方合理的成本下,这些问题到了解决。

3.4 孟加拉国格莱敏银行[①]

3.4.1 格莱敏银行起源

1976 年,格莱敏银行起源于一个小型的行动研究项目,项目由尤努斯教授在吉大港附近一个名叫鸠若(Jobra)的村庄开展。该项目试图验证这样一个假设:如果穷人可以在适宜的时间与条件下获得金融资源,他们就可以在无须外界援助的情况下自主开展营利性活动。当时村子里存在一部分极端贫困的农户,通过非正规渠道借来的资本,从事各种各样的非农业经营。贷款额度小,利率极高[②],使穷人无法改善生活状况、积累自有资本。

为了使银行家信服向穷人提供贷款是安全的,尤努斯教授向农业发展银行的管理当局建议,让自己在当局的引导下负责经营一家分支机构。1978 年 3 月,一家分支机构的营业分所设立。这一小规模试验取得了成功。在孟加拉国银行的财务支持下,格莱梅银行项目 1979 年 6 月启动,探索试验是否可以在更大范围内推展。该项目位于唐盖尔区(Tangail),远离吉大港大学。项目挂靠国有化商业银行与农业发展银行。一年之内,共设立了 24 家分支机构,19 家在唐盖尔区,5 家位于吉大港区。项目通过实验,进一步完善与发展。但是,参与的银行热情不足,限制了其进一步扩张。

1983 年 9 月,一项政府法令将该项目转变为格莱敏银行——一家向农村穷人服务的专业金融机构。法令提供了 8 亿塔卡(TK)的注册资本与 3 亿塔卡的付息股本。所有权结构中政府占 60%,借款人占 40%。1986 年 7 月,政府机构的一项提案使得付息股本上升为 7 亿 2 千万塔卡。其中,格莱敏银行借款人股本占到 75%,而政府仅占 25%。

---

① 有关格莱敏银行的研究较多,Mahabub Hossain(1988)介绍了格莱敏银行的发展,Naila Kabeer(2000)讨论了格莱敏银行的社会目标,Matin,Imran & David Hulme(2003)介绍了格莱敏银行的一个项目。本部分的分析参考了有关数据。

② 月息 10%。

3.4.2 格莱敏银行的组织结构

管理董事会是银行主要执行部门。1983 年,格莱梅银行条例设立了理事会,组成人员有主席、董事与其他 9 名成员——5 名由政府任命,4 名由借款人股东任命。1986 年,条例修正设立 13 名理事会成员,其中,9 名由借款人股东中选择。理事会批准银行政策,处理与银行、财政部以及其他政府机构的联系。

分行营业所是格莱敏银行最基层的管理单位,为银行利润负责。出于会计目的,银行向分行营业所提供资金的年利率为 10%,以补偿向借款人征收 16% 的年利率。因此,分行营业所有激励将经营成本控制在或低于未偿款 6% 的利率水平。所得利润量是评价分支机构人员绩效的重要标准。约 1 家到 10 家分行营业所受一家地区营业所监管,地区营业所通常位于小镇。在一些项目经理的协助下,地区经理人有权最终批准贷款,并监督贷款的使用与偿还。地区营业所受区域办公室领导,区域办公室通常位于地区主要城市。区域经理人负责处理财务,管理资金。近来,区域办公室同样负责监督、评估与视察社会发展项目。地区经理人每月在区域办公室开一次到两次会议,区域经理人与其联系密切。

总行办公室位于达卡,主要处理与政府的联系,并反馈给较低层办公室,负责监督银行职员培训,以及研究与开发活动。

最初,只有总行办公室与分行营业所。随着分行营业所数目的增加以及银行在一些地区的扩张,设立了区域办公室。随着分行营业所数量的增长,超出了地区办公室的监督能力,便创立了区域办公室。随着分行数目的增大,区域水平扩张,当达到临界规模时,便设立一个新区域。

随着银行的迅速扩张,其管理功能与决策权力逐渐被下放到下级。自区域办公室建立,总行办公室的大部分功能就被下放。区域办公室将账目监督与贷款批准的功能下放给地区营业所。社会发展项目最初处于总行办公室,但其权力不久被转移到区域办公室,而区域办公室现在计划将责任转移给地区办公室。在这一水平拉长与权力下放的过程中,总行办公室变成秘书处或信息交换所。最后,它保留了这样的功能,诸如监督与评估、研究与发展、检查培训以及受益于从不同经营区域获取信息的类似活动。

通过管理委员会与位于总行办公室的不同部门以及区域经理人召开会

议,这一咨询方法形成与变更了政策。管理委员会与区域经理人一年召开两次会议,以交换经验并讨论银行进一步发展中的问题。会议可能持续三天,分行经理人被鼓励在该地区试验其想法。如果成功,将被推向更高层次,以便检验与开发,最终在其他地区推行。创新性的想法同样来自于借款人。当借款人代表参加会议时,会互相交换意见,或与更高层银行官员交换意见。管理委员的大部分时间花在与借款人和分行办公室人员保持联系中。

3.4.3 格莱敏银行的第一代信贷运作模式

格莱敏银行目前遵行标准的经营程序。1976—1983 年,该程序在与穷人不断打交道的过程中演化而来。第一代信贷运作模式通常包括如下内容:

(1)形成五人信贷小组,引入连带责任

由 5 个有共同意向的个人组成小组,小组成员经济地位相似。通过试错法,银行确定了 5 人为一个小组。最初,贷款向个人发放,但很快就发现银行职员难以控制。随后,组成了 10 人或更多人的小组,引入了共同责任思想。但是,规模显得过大,难以形成成员间非正式联系,而这又是有效的共同责任所必需的。最后,5 个成员被证明是最合适的规模。

一户家庭仅有一名成员可以成为贷款小组成员,且亲戚不能在同一组。男性与女性成员分别设组。每一组选出一名主席、一名秘书。这些职位在成员间每年轮换一次,因此,所有成员都有与这一职位责任相伴的学习经验。主席负责小组的纪律,检查成员贷款的利用。每周召开一次所有成员必须参加的大会,经由主席、成员与银行职员开展业务。

小组的作用是,提供了确保共同责任的制度,个人依次接受来自小组其他成员的相当大的压力。这样,小组的存在充当了银行贷款的担保。如果一名成员违反了纪律,拖欠款项,小组整体的信誉,以及由新贷款人带来的未来利益将会受到损害。有时,小组会决定惩罚或逐出一个不参加会议,以及还款中恶意拖欠的成员。当成员真正难以偿还款项而陷入困境之际,其他小组成员同样会向该成员提供资金支持。成员在偿还全部款项之后,可以离开小组。如果成员提前离开,偿还余额的责任就会落到其余成员身上。当整个小组拖欠时,偿还的责任就落在了中心。

(2)召开中心会议,发放贷款并实施监督

同一个村子中的许多小组,联合形成一个中心,每周召开一次中心级别的会议。另外,男性与女性小组成员形成分离的中心。小组主席选举出中心主席与副主席,任期一年。中心主席负责每周会议、贷款分期偿还、总的纪律、执行大会程序。银行职员会参加中心会议,所有的银行业务在会上,在所在成员面前公开办理。

在中心周会上,小组成员讨论投资选择。当小组成员与银行工作人员确信一项潜在贷款可行时,中心负责人启动贷款审批过程,填写贷款建议表,签名,并交给银行工作人员。银行工作人员对贷款做出推荐,并与建议表一同递交分行经理。分行经理与同事探讨了许多建议,如有必要还要通过田野调查,检查贷款的可行性。随后,分行经理将个人贷款建议汇总为一笔建议,并与个人建议一起递交给地区办公室的项目经理。经项目经理建议,地区经理最终授权发放一笔贷款。随后,由银行工作人员在中心会议上发放贷款。从个人贷款建议的小组讨论,到贷款的发放,整个过程通常花一到两周时间。借款人不会向其他银行要求的那样,为贷款与银行工作人员交易。

格莱敏银行规定,借款人收到款项几天之内,必须将资金投向贷款建议指定的用途。监督贷款使用的程序,从小组主席开始。他签发贷款使用表,并交给中心负责人,将表格传递给银行工作人员。由他检查贷款的使用,并对投资类型做出书面描述。银行工作人员将表格与书面说明递交给分行经理,由他负责随机检查50%的款项使用情况。一旦与实地调查相符,分行经理签发表格,并递交该项目经理人,由他最终负责监督贷款利用。如果一笔贷款未能及时使用,借款人被建议将资金送还分支行营业所,且在准备妥当后领取。通过这种方式,借款人可以避免资金闲置时每周的贷款摊还以及利息支付。

(3)贷款指向生产活动,分批偿还

贷款提供给个人,最大金额为5000塔卡,无须任何担保。借款人必须将资金用于生产性活动,但贷款必须立即使用,且本金50周分次偿还。

一旦贷款被批准,分行经理发放贷款以及贷款存折。贷款为期1年。每周等额偿还,计50次,每次偿还贷款额2%。50次分期等额偿还,弥补了本金的偿还。贷款利息以及向应急基金的贡献,在每年最后两周收取。由银行工作人员在中心会议上收取每周偿付额,并在成员的贷款存折上记录偿还额。会议于每周固定日期一大早召开,贷款利率为年息16%,等于该国向其他农业贷款索要的利率。

(4)对借款人的培训

当小组形成后,银行工作人员要密切观察一个月,观察成员是否遵守了格莱敏银行的纪律。未来借款人,被强令要求参加一个小组培训计划。该计划为期七天,由银行工作人员连续指导。训练意图使成员彻底了解银行的规则与管理。这包括了解不同银行程序的目的,小组主席与中心主席的职责,小组储蓄计划,健康幼儿教育及其他社会发展计划,学会签名。当所有成员被认为已充分了解了规则及程序后,小组获得正式认可。小组中的两名成员获得贷款,其贷款行为被观察1到2个月。如果他们正常按周偿付贷款,另两名成员可获得贷款。小组主席最后获得贷款。在小组所有成员的款项还清之前,任何成员不能得到再次贷款。

(5)每周储蓄形成小组基金,应对消费需要

格莱敏银行的一项管理规定是,每个成员每周除了还贷款量2%之后,还需存1塔卡,以防拖欠时之共同之需。储蓄在小组基金中积累。账户由小组共同管理,从而给成员提供了共同财务管理的基本经验。离开小组的成员,可以提取个人累积在基金中的每周储蓄,但不能要求贷款中5%的扣减。形成小组时,小组成员要为此而签订协议。从成员违反纪律中征收的罚金,同样积累在小组基金中,以代表成员利益。这一金额以8.5%的年利率存放在格莱敏银行。

在生病或社会仪式需要之际,成员可以向小组基金借入消费资金。这样,他就不必从本金中进行这笔消费支出,或转向非正规市场贷款。如果所有小组成员同意,小组基金同样可以进行贷款投资。小组有权决定这些贷款的期限与条件,通常是无息的。

通常认为,因为穷人将非正式放款人视为借入消费性及生产性资金的长期的可以信赖的渠道,所以较之正规金融机构,穷人更珍惜非正规渠道的资金来源。通过创立小组基金,格莱梅银行确保了其信贷服务,具有与非正规市场一样的灵活性。

(6)利息形成应急基金

每个借款人同样被要求支付一笔金额5%的费用,银行将此作为利息。这一金额被用于应急基金积累,用于拖欠、死亡、伤残以及其他不期事件下的保险。这笔基金在中心级水平由成员管理,需要中心主席、副主席与银行经理人对其运行联合签名。代表成员、小组可以向应急基金索要2500塔卡,或该成员积累额度的50%。应急基金带来的拖欠,迄今为止可以被忽略。目前银行正研究有效利用基金的不同计划。

3.4.4 格莱敏银行第二代信贷运作模式

1998年,孟加拉国发生严重洪灾,格莱敏银行的十余万客户受灾,大多数家庭财产灭失,大量人员伤亡,格莱敏银行的不良贷款猛升到30%左右;而根据"传统模式",如果借款者不按时还款,就将被永远取消借款资格,这在很大程度上动摇了银行的客户基础,格莱敏银行面临生存危机。为弥补"传统模式"在应对系统风险时存在的缺陷,尤努斯于2000年推出了"第二代模式"。与第一代模式相比,主要进行了以下几方面的调整:

(1)贷款期限安排更为灵活

在"基本贷款"的基础上,增加了"灵活贷款"这一创新安排。如借贷客户不能按时偿还"基本贷款",就转入"灵活贷款",而不是被取消借款资格。所谓"灵活贷款",其实是在借贷双方协商的基础上,变更"基本贷款"的条款,比如延长贷款期限(不再局限于1年),减少分期还款频次(如将每周还款改为每两周还款)等,使贷款条款更符合借款人的经济现实,减轻还贷压力,增强借款人的还款信心和意愿,从而减少不良贷款的实际发生。"基本贷款"的借款人能很方便地循环使用并且提升自己的信用额度,而在转入"灵活贷款"后,借款人申请新贷款时则受到一些苛刻的限制性条款的约束,但是一旦"灵活贷款"如期偿还,借款人便可申请转回"基本贷款"。

(2)借款人的借款基础从联保小组转移到个人

不再要求小组提取5%的风险基金,取消了小组成员间的联保关系,取消了"2+2+1"的贷款次序安排,小组成员可同时获得贷款,小组被削弱为一个议事和相互监督的组织。

(3)强化借款人个人的财务管理

要求每个借款人开设个人账户、特别账户和养老账户,将贷款的5%作为强制储蓄,均分为两份,分别存入个人账户和特别账户,同时要求借款人每周在个人账户中小额存款;个人账户的资金可随时提取,特别账户资金用于购买格莱敏银行股金,不能提取,但享受分红;所有借贷8000塔卡(约138美元)以上的客户,每个月都要在养老金账户中存入50塔卡,客户达到退休年龄后分期返还;格莱敏银行对储蓄资金按照高于市场的利率支付利息;以上安排旨在提高借款人的储蓄意识,增加财务积累,一方面为格莱敏银行创造资金来源,另一方面可降低借款人的财务风险。

(4)改革准备金制度

格莱敏银行坚持采用宽松的准备金政策,在"传统模式"下只对逾期2年以上的贷款提取100%的准备金,而对于逾期未超1年的,不计提准备金;"第二代模式"将上述政策改为:对拖欠首次还款达到10周,或贷款逾期超过6个月的借款人,将其借款自动转为"灵活贷款",并按欠款本息的60%~100%计提准备金。

(5)对营业所和工作人员实行星级表彰制度

制定了五个方面的星级达标规定,包括小组成员6岁以上子女都上学,并完成5年教育,成员连续5年都超过了贫困线等,突出了银行的社会责任。

(6)实行黄金客户成员制度

对连续7年保持100%还贷水平的客户给予黄金客户身份,可以获得较高信贷额度等优惠。

3.5 国际经验与启示

要在较长的历史线条中理解全球小额信贷实践,爱尔兰贷款基金与德国信用社早期的历史实践、玻利维亚阳光银行与孟加拉国格莱敏银行的现代探索,提供了宝贵的经验与重要启示。尽管由于历史的、社会的背景,这些小额信贷实践体现出了许多独特的个性,进行制度移植可能难以达到类似的效果。然而,从总体来看,作为小额信贷制度的一般经验,在上述的制度实践中仍有所体现。上述成功的小额信贷制度实践,为小额信贷的发展提供了如下的经验与启示。

3.5.1 引入多样化的机制设计，创新贷款技术

从制度层面来看，小额信贷制度之所以能在全球范围内取得成效，一个重要的原因在于其解决了传统银行难以解决的贷款技术问题。由于大量贫穷的贷款人，缺乏必要的担保品，没有有效的信用记录，贷款额度过小，都使得传统的滋生于商业信用的银行实践难以为小额信贷的潜在贷款人留下空间。进一步深入的分析可以看到，在贷款过程的整个环节中，难以区分贷款人的经营能力，不能有效监督贷款资金的使用，导致了信贷市场中逆向选择与道德风险充斥，最终导致市场失败。小额信贷的成功，重要的原因就在于，分别或联合利用了团体贷款、担保替代、动态激励、分期偿付等贷款技术，有效地解决了信贷过程中难以执行、不易监督的问题。就爱尔兰贷款基金而言，其显然利用了分期偿付的技术，有效缓解了偿付上的危机。而德国的信用合作制度则利用了合作制带来的监督优势，有效解决了信贷难题。至于玻利维亚阳光银行，则显著地依赖于动态激励以及分期偿付。对于孟加拉国格莱敏银行而言，可以说，典型地依赖于团体贷款以及其他一系列技术。但是，在这一总原则下，多样化的机制设计在不同的制度实践中各显其能。由此，既要遵循小额信贷的一般原则，又要根据经济社会背景，引入并创造新型的贷款机制。

3.5.2 诱发性与强制性制度变迁相结合，优化制度绩效

如果将小额信贷的实践加以分析，可以发现既有内生的制度形式，又不乏制度移植的相应成分。要使小额信贷制度能适应当地的制度背景，并能在动态发展中做出不断调整，在较长时期内起到积极的作用，政府、非政府组织、银行机构协力将小额信贷的不同制度变迁方式相结合是很有必要的。对于爱尔兰贷款基金而言，贷款机构的适时创新，来自议会的适时保护与扶植，都对于该制度近三个世纪的发展起到了不可或缺的作用。这也是我们从该制度中可以借鉴的最多的地方。至于格莱敏银行，我们不但要敬佩尤努斯教授的睿智与执着，也要关注孟加拉国政府为该制度发展提供的较为宽松的环境和支持。否则，很可能一个局部高效的制度会难以得到有效推广，甚至胎死腹中。作为反例，我们可以从很多制度移植的案例中看到这一

经验的重要性。

3.5.3 利用并创造社会资本，将执行、监督能力资本化

在小额信贷问题的分析中，社会资本的作用不容低估。如果说，传统的银行贷款中，社会资本对于交易仅起着辅助性的作用，那么，在小额信贷制度中，社会资本的作用甚至是决定性的。我们从小额信贷的国际经验中不难看出这一点。爱尔兰贷款基金充分利用了地方的慈善捐助、政府扶贫努力以及社区互助带来的社会资本，不但为小额信贷带来了运营资本，而且降低了经营成本，同样也为贷款偿还创造了良好的社会氛围。德国的信用社也与互助合作的社会资本有着密切的关系。作为一个反例，尽管中国也搞起了信用合作，但是效果远不如德国。重要的原因在于，中国缺乏小额信贷运行的社会资本。玻利维亚阳光银行充分利用了 PRODEM 的社会资本，迅速实现了有效扩张。当然，玻利维亚阳光银行的商业化社会资本意识对于可持续经营起到了不可替代的作用。至于格莱敏银行，在利用与创造社会资本方面而言，就更值得称道。它成功利用了伊斯兰社会特有的社会资本，在互助团结的文化氛围中，利用团体贷款将小额信贷推向成功。更进一步的，它创造了水平和垂直的管理网络，推行移风易俗的社会项目，有效地增强了银行信用的管理水平，也对社会信用的推进起到了积极作用。

第4章　中国农村小额信贷的发展历程及面临的问题

本章主要介绍了中国农村小额信贷发展的四个阶段。1993年12月,中国社科院扶贫社成立,标志着小额信贷扶贫进入新阶段,该阶段以NGO形式为主。1996年,中国政策机构和农业银行、农业发展银行主导的“政策性小额信贷扶贫项目”开始发展起来。2000年,在人民银行支农再贷款的支持下,农村合作金融机构①开始发展小额信用贷款和五户联保贷款,标志着中国农村金融机构开始大规模介入小额信贷领域。2005年,中国在山西、四川、内蒙古、贵州、陕西展开了商业性小额信贷试点。从小额信贷的发展来看,中国农村小额信贷制度面临一些挑战。

4.1 NGO小额信贷扶贫阶段

1993年12月,中国社科院扶贫社成立,标志着小额信贷扶贫进入新阶段。在这该阶段,采用小额信贷开展扶贫已经成为一个明显的口号。该阶段以NGO形式为主,联合国发展计划署、世界粮食计划署、国际农发基金以及扶贫社等机构都对其发展起到了积极的作用。

4.1.1 联合国开发计划署

联合国开发计划署在中国贫困地区、偏远地区与山区支持小额信贷示范运动。作为更大的扶贫项目的一部分,项目通过中国外经贸部执行,且通

① 农村信用社、农村商业银行和农村合作银行。

过县一级政府，开展了省级层面的合作。联合国开发计划署支持的典型，在目前的小额信贷试验中很有趣，有以下几个特征：

①将小额信贷作为支持政府脱贫目标的战略，特别是作为执行“国家八七扶贫计划”与“五个一工程”的工具。

②联合国开发计划署支持的小额信贷计划，完全基于格莱敏银行方法以及在中国复制的农发所模式。

③项目试验以不同的渠道管理小额信贷，包括利用现有机构与创建新机构。

④所有的项目处于难以到达的山区，资源贫乏，环境退化。某些项目处于主要的少数民族居住区，非农业生产很少。这些地区的贫困，可能是最难以消除的。

⑤试图协调联合国系统在云南的扶贫努力。通过建立联合政策咨询小组，努力推进联合国开发计划署、世界粮食计划署、联合国妇女发展基金与联合国国际农业发展基金之间的协调进行。

1995—1996 年，项目开始运行的区域为云南省的麻栗坡县与金平县，四川省仪陇县，西藏珠穆朗玛峰自然保护区的 4 个县。其仅有云南与四川的县区开展了存贷业务。现准备将项目向四川的其他县推广，其中包括川西山区，那里是少数民族聚集区，人口密度小，资源脆弱，经济落后。联合国开发计划署批准了甘肃的存贷计划。贷款将在易受旱灾的县发放，支持适宜的节水措施技术，使农民能满足食品需要，并发展经济作物或植树造林。仪陇县的经验可作为案例加以研究。如下的项目经验总结，大多限于在云南与四川运行的三个县。

（1）小额信贷设计

联合国发展计划呈多样化，但都旨在开发扶贫的综合、可复制、低成本的，以及参与型模式。小额信贷是许多计划活动之一，旨在向农业、园艺业与动物养殖业生产扩张提供资金。其他项目因素包括技术支持，增加机构，这大多通过发展企业为农户家庭成员提供非农就业机会；发展基础设施，改善环境，促进水资源以及设施市场化的有效利用。

为了执行小额信贷计划，每个县的项目均招募了社区公司职员与小组组织人，负责组织 5 个不相关人的小组，并由 4 ~ 8 个小组形成中心。社区信贷公司受省级信贷公司监督。小组自愿组织，推选自己的负责人，一般指定为妇女。项目要求参加者集中于收入处于人口底线的农户,并指向家庭的女主人,或者妻子残疾或失去生产能力的男户主。在运行中,社区信贷公司与小组组织者采用客观标准,如基于住房质量、缺乏农具、食品不足的时间以及辍学来确定脆弱性。小组成员要求每周存1元。贷款申请由客户本人提出,但由分担小组责任的小组以及中心批准。贷款在县一级得到批准。贷款发放以2:2:1阶段模式进行。在每周会议上,偿还贷款并上缴所需存款。第一笔贷款的上限为1000元,在随后的贷款中金额可增加。在实践中,贷款平均金额为600~700元,最小金额为300元。利率高于扶贫贷款年利率(2.88%),但低于商业贷款利率。例如,在仪陇县,名义利率为8%。利息预先支付,真实利率会更高一些。贷款几乎用于基本农业生产或动物养殖,而不用于加工、贸易或服务。

由于执行期短,100%的还款率不是三个县中项目成功的指标。贷款似乎都被及时偿还。小组成员大多将资金用于一种以上的投资,例如,养殖几只小动物和农业投入。这可以看作一种化解风险的方式,该方式的投资可以在不同时期产生小额收入。尽管从这些投资中得到的收入具有一次性,但小组成员却在每周偿付上没有困难。他们可以在市场上卖小动物或蔬菜,换得现钱,或依靠日工的收入以及外出打工的家庭成员寄回收入,一些当地官员报告说,每周偿付可以掌握家庭的所得,否则该资金可能被用于消费——如喝酒与赌博。

执行中出现的一个关键问题是需要每周开会。在仪陇县,一些小组很少开会。在四川,农忙时节需要推迟会议。这些中国项目区,大多山地林立,居住分散,不同于每周会议概念产生的孟加拉国——地势平坦,居住集中。至少在一年中的一些时期,小组成员要承担参加每周会议的机会成本。目前,项目官员试图保持周会制度,以保证纪律,并有机会提供技术投入。

项目监督表明,在三个县中,贷款到达了最贫困的农户。尽管在麻栗坡的早期阶段,有一个村庄中80%的小组成员先前从农信社取得贷款,也并不是最贫困的农户。由于利率低,他们被吸引到该项目。许多项目支持的村子,远离道路,仅能步行到达,甚至摩托车也难以到达。参加周会,会造成社区信贷公司或小组组织者成员服务上的限制。

由于要求小组与中心领导是妇女,项目同样遭到反对。同样,在一些地区,社区信贷公司与小组组织者携带现金的安全性也值得担忧。

三个县的项目执行,似乎都从较长的设计期中受益,它使执行者了解并熟悉了小组使用的方法。较长的设计时期也有助于小额信贷模式所需要的大量人力资源投资。

目前,在没有捐赠支持,或政府不承担组织动员与管理的大量人力成本下,经营是难以持续的。但是项目计划却没有提出任务,以发展可持续与自足的长期战略。

(2)机构设计

三个县中,所有业务由项目执行办管理。但在每一项目县由单独机构部分或大部分承担小额信贷责任。在云南,项目致力于发展与构建城镇水平的农村信贷基金,通过这一机构,信贷基金被导向农户。农村信贷基金是非营利性的股份制农民互助协会组织,经营范围限于本镇。其利率受农信社确定利率的限制。农村信贷基金提供农民需要的服务,偿还率高。云南的项目是由农村信贷基金管理存货款与储蓄。社区信贷公司与小组机构都是农村信贷基金的有效成员。在整个项目期,其经营费用由项目支付。农村信贷基金董事与社区信贷公司成员都需要在河北学习部一起接受培训。同时,也要在昆明接受培训。社区信贷公司负责小组的组织与管理,有效地减少了农村信贷基金的交易成本与风险。在仪陇县,项目决定创建一家县级非政府组织,称为仪陇农村发展局,旨在发挥农民协会的作用。仪陇农村发展局信贷部负责监督社区信贷公司与小组机构,以及执行各方面的小额信贷经营。基金经由乡镇级农信社渠道发放。根据银行法,仪陇农村发展局不能接受储蓄存款,其强制储蓄存款必须存在指定银行账户,且存在客户的存折中。

(3)与其他业务的整合

联合国开发计划是一体化项目,旨在提供与贫困农户有关的技术支持,展示改良技术。技术活动在云南开展较早,部分由于小额信贷活动都在1年之后延期执行,成员可以集中改良农业体系。在云南,项目经理人、当地主管部门与社区信贷公司接受可持续农业资源管理与示范活动的培训。这些活动在选择地点开始,主要针对改良的粮食、林业作物、经济作物与动物养殖的农场体系。在仪陇县,小额信贷被首先执行,而技术支持较少受到注意。新形成小组的技术培训主要由仪陇农村发展局人员组织。与其他技术系统的联系目前还尚未出现。

(4)企业发展

云南的企业发展与中国的一般惯例不同。联合国发展计划资金支持的企业,其所有权属于目标农户。这些农户被组织成当地贫农协会。协会在项目经营区的所有乡镇都登记注册。几个与当地农业生产有关的企业已被列入支持计划。在仪陇县,一个甜瓜加工厂项目刚被批准,但是资金来源于扶贫贷款,由省扶贫办配套资金支持。

(5)项目间的合作

联合国系统投入的协调比较困难,在三个县中只取得了部分成功。世界粮食计划署对云南的援助支持土地平整与梯田改造,为增产创造了条件。联合国农发基金计划中,50 万美元的信贷支持被推迟了。联合国开发计划署重新制定了 10 万美元的乡镇企业预算额度,使启动农户信贷成为可能。健康培训、功能性文化与技能培训,都受到联合国儿童基金与世界粮食计划署的支持,但尚未启动。水源与健康活动已设计,以便取得其他捐助的支持。

4.1.2 世界粮食计划署

世界粮食计划署以对自然灾害与战后救助支持著称,但其绝大多数工作,包括在中国的工作,却旨在使贫困人口自立。世界粮食计划署在中国的扶贫支持,长期强调道路交通、灌溉、水资源保护、流域保护与森林退化的基础设施发展。直至最近,世界粮食计划署才将重点转向扶贫中的妇女地位,并开始了直接的信贷计划实验。世界粮食计划署信贷策略的基础是假定食品安全是扶贫信贷成功的先决条件。例如,以粮食为目标的改良梯田、灌溉或排水系统的工作计划,可以使农户粮食种植面积翻番,否则就不能增加粮食产量。有了粮食,农户才能利用农业信贷投入用于动物养殖与副业生产。基础设施建设、粮食安全与信贷的联系,在新近的世界粮食计划署支持项目中是显而易见的。与联合国农发基金在川北与青海的联合项目中,这一点也得到了体现。

世界粮食计划署在河南与宁夏支持两个新的项目,将信贷引入作为扶贫与环境重建的部分。在河南的四个贫困项目县,人均粮食拥有量约为 155 公斤,而农村人口中最少需要量估计为每年 200 ~ 220 公斤。食品援助用作工资，支持灌溉与排水建设，土地开发，森林培育，饮水与健康系统，农林道路与训练。妇女估计占项目劳动力的42%。可以为10万名妇女提供50万个工作日的培训，使妇女增加养蚕、制绣与养猪的技能。通过以下两种方式在项目中引入信贷。第一，政府决定通过中国农业银行发放0.258亿元的扶贫贷款，贷款年利率为2.8%，惠及大部分农户。中国农业银行决定将项目农民未偿债务重新设定为5年期限。第二，项目产生了约1300万美元的储蓄，当地县政府不负责以救助施舍或救助基金偿还。通过协议，这些储蓄的一部分被拨出，作为与培训有关的活动经费。

在1996年上半年，中国农业银行已经发放了5.23亿元的当地企业贷款（丝绸、制绣、地毡及其他内容）；向6650名贫困妇女发放了300～1400元不等的小额贷款，鼓励其参与增收活动。其中一些与企业取得信贷相联系，如种植桑树，购买丝蚕，加工制绣，编织草垫以及动物养殖。此外，1.5万多名妇女在项目培训中获得了增收技能后，同样从中国农业银行获得了启动资金。其中部分贷款是扶贫贷款，年利率为2.88%，由储蓄作担保。另一部分由项目储蓄支持，利率为10.98%。

农业部为项目执行负第一责任，但是贷款小组体系，县、乡、村项目管理办公室与委员会承担日常责任。例如，村贷款小组与委员会，与参加的单个农户签订合同。乡镇领导组与项目办公室，为瞄准目标农户负主要责任。妇联在动员妇女培训以增收上起了作用。

在宁夏的三个县，世界粮食计划署支持了后续项目。项目将食品援助货币化，以为妇女小额贷款提供担保。宁夏项目最先选择3.4万贫困农户，计划署以工代赈方式在农田严重退化、灌溉地少的地区改良土壤与水资源。该地区文盲率高，妇女文盲率尤为显著，健康状况差。为了保证妇女参与到项目中，并强调与贫困相伴的社会因素，世界粮食计划署决定将四年期内4365吨的小麦折为现金，存放在中国农业银行，作为向妇女发放贷款的担保。中国农业银行同意1元担保存款可以贷出2元。货币化收入的一部分被用于为2.5万名妇女参加文化班支付现金激励。中国政府提供了890万元，作为配套支持。提供担保，以鼓励当地银行机构发放贷款，妇女还款，这一方法对地方政府是新方法。项目另外同意招募一位联合国女志愿者，以支持在三县中的信贷活动。

在宁夏项目中，世界粮食计划署严重依赖于联合国人口基金会粮食组织项目的上述设计，特别是组织形成方法。联合国人口基金会项目在宁夏的几个县开展，其中包括固原——世界粮食计划也在该县运行项目。县政府与妇联熟悉联合国人口基金会模式与培训材料。在宁夏，妇联负责动员妇女小组，为小组提供8～14天的培训，与小组一起提出贷款计划。小组贷款计划递交县上，由项目管理办公室、银行与妇联审查与批准。最长贷款期为1年，期末还款。贷款最大额度为500元，利率为8.6%。没有储蓄要求。约6378名妇女被组织入小组并进行培训。第一笔贷款于1995年发放，用于市场化蔬菜生产，购买小鸡与绵羊，缝纫，面条与淀粉加工。目前，尚未有还款资料。

世界粮食计划署没有太多执行经验以供总结。讨论小额信贷的功能与设计，对于项目很重要，有如下设计特征：①提供担保，鼓励现有银行机构向客户提供小额贷款，这在以前被认为风险太大或交易成本太高，难以做到。②将信贷与基础设施投入联系起来，旨在确保粮食安全。农业部、地方政府与妇联向贫困妇女提供中介以及信贷机会。

4.1.3 国际农业发展基金会与世界粮食计划署在农业综合开发上的合作

四川东北部与青海海东地区的农业综合开发项目，是国际农业发展基金会与世界粮食计划署在中国的首次合作。两个项目区均处于山区，山林密布，可耕地面积仅占14.5%。土壤贫瘠，易受侵蚀。灌溉条件有限，设计能力不足。

从小额信贷扶贫设计的角度，项目提供了检验战略的机会——确保粮食安全是生产信贷与扶贫信贷的先兆。对国际农业发展基金会来说，项目有机会将覆盖面扩展到最为贫困的农户。计划署以工代赈方式参与，通常对较为贫困的农户是自我约束的，对于条件较好的农户不具有吸引力。因为依赖农村信贷资金渠道发放小额信贷，依赖于参与的农村信贷基金的计划能力构建，项目显得比较有趣。项目设计比较复杂，将一系列投入放在一起，不但强调贫困的收入/资产面，也强调贫困的社会面。计划从1997年中期开始执行。川东北项目与联合国开发计划署在仪陇县支持的项目区相重合，也与兰中县的世界信贷项目相重合。

项目的首要目标是确保食品安全，并使37万户农户增收。项目策略预期，世界粮食计划署会以粮食换劳力，将建设粮食生产基础设施与支撑性培训，创建国际农业发展基金会信贷向增产增收活动融资的基础。与配套资金一起，国际农业发展基金会信贷同样支撑关键性社会发展投入与人力资本构建，诸如中年主妇培训、健康与家庭福利培训、文化培训、健康与教育设施改善。国际农业发展基金会向农户提供灵活多变的信贷，其中包括：生产投入季节性贷款；家畜培育；经济林，包括桑葚树；妇女增收项目。

信贷组合灵活多变，其目标可以设计，以满足借款人的需要。贷款期限与使用性质相联系。比如，信贷可提供用于生猪饲养与生猪催肥。生猪催肥贷款提供中期贷款，用以建造猪圈；提供短期信贷，用以购买猪崽、浓缩饲料与兽药。

村庄执行小组，包括妇联与社区代表，负责村级项目管理，并负责识别受惠人的最初责任。农户自己决定寻求信贷的业务。妇联与妇女受惠者一起工作，以确定增收活动的可行性以及开发与培训。

贷款政策与经营指南在执行之前已经建立，写明符合受惠人需要的贷款期限与条件。农户贷款有上限规定，但却不能放松限制，即便对还款能力有限的农户而言也是这样。利率基于现行市场利率而定，并与省金融部门协商调整。对妇女增收活动建立单独的信贷额度，以及符合需要的单独的上限与偿付期限。

建立项目管理办公室，作为项目管理的永久机构。项目管理办公室中建立贷款部管理贷款，并向农村信贷基金提供技术支持，项目信贷资金经由农村信贷基金发放。

4.1.4 其他机构的活动

国际粮农组织与国际劳工组织曾被作为联合国基金支持的妇女信贷项目的执行机构。国际粮农组织也向联合国人口基金会贡献了部分自有资金，联合国难民署向中国南部的贫民提供了小规模信贷支持，并采用了基于联合国人口基金会的模式。目前，世界银行正以格莱敏银行模式为基础，为四川兰中与陕西安康两个县制订信贷执行计划。世界银行将为每个县发放100万美元贷款，实行信贷操作。

4.1.5 扶贫社实践

中国社科院农发所在试点组建“扶贫社”，以探索小额信贷在提高中国扶贫信贷资金使用效率，和解决贫困农户获贷难、还款难和信贷投放机构生存难问题时的有效性为宗旨。在河北易县扶贫合作社成立之后的两年中，又在河南以及陕西的虞城、南召和丹凤先后成立类似的“扶贫社”。中国社科院“扶贫社”为后来其他小额信贷机构和项目的开展起到主要的示范作用。

易县扶贫经济合作社项目区位于河北省西部。总面积2534平方公里，总耕地面积64万亩。设有8镇，1处（城管处），19个乡，469个行政村，1857个自然村。总人口54万人，其中农业人口50万人。目前仍有贫困农户3万户左右，总贫困人口10.5万人左右，属“老、少、边、穷”地区，1986年被列入河北省重点贫困县，1994年被列为国家实施“八七扶贫攻坚计划”中的重点扶贫县。

在福特基金会的资助支持下，在中国社科院农发所与贫困问题研究中心的领导下，易县扶贫经济合作社以非政府组织形式，借鉴孟加拉国格莱敏银行模式，建立了与国际接轨的小额信贷模式。自1993年10月成立至今，经历了以下两个阶段：1993—1997年为项目启动、探索、实验阶段；1998—2003年为发展阶段。十年来合作社得到了发展壮大，已逐步形成了行之有效、可持续发展的管理机构。

项目运作始终坚持扶持贫困妇女为主的运作目标，以提供小额生产性贷款的方式，帮助农户发展经济，并保持了资金的回收和循环使用。项目机构建设遵循的主要途径有：①项目开始就坚持民间组织的活动方式。②与政府的关系是依托不依赖的合作关系，机构完全独立运行。③基层分社以项目区域的潜在客户量为基础，打破行政区域界限。从而保障潜在客户发展需求，避免地方行政干涉。④从工作主体上，坚持了重大问题的公开性和集体决策。如建立了县社管理委员会和员工会组织，提倡加强民主参与式的管理机制。目前，工作人员发展到32名。除白马分社正在整顿外，其他4个分社运行状况良好，已具备了独立运作、独立核算、自主经营的能力，建立了一体化的一级机构体系。⑤制定了切合实际的战略目标，并坚持向规范化、行业化管理发展的策略。

4.2 政策性小额信贷扶贫阶段

4.2.1 概况

为实现千年扶贫攻坚计划和新世纪扶贫计划任务，借鉴 NGO 小额信贷的技术和经验，主要采用孟加拉国格莱敏银行的传统小组联保模式，以国家财政资金和扶贫贴息贷款为资金来源，中国政策机构和农业银行（中国农业发展银行）主导的“政策性小额信贷扶贫项目”开始发展起来。

随着国家扶贫政策的演进，政策性小额信贷扶贫项目在一些有 NGO 小额信贷经验的省（区）如山西、四川、河北、广西、贵州等地迅速发展起来。国务院扶贫办系统、民政部门、社会保障部门、残疾人联合会、妇联和工会等先后参与其中。这些政策性小额信贷项目大多散布在农村地区。但随着国有企业改革提速，城镇下岗再就业任务日益严重，依托政府再就业基金、工会“温暖基金”和妇联网络，由政府部门自行设计和执行，面向下岗失业人员和城镇低收入人口的一些城市小额信贷项目也在这一时期开始运行。

占中国扶贫资金大部分的扶贫信贷资金，于 1998—1999 年前后，先由中国农业发展银行管理，后重新划归农业银行管理并直接发放。扶贫贴息贷款直接发放到户，也是中国政策性小额信贷的主要组成部分。

4.2.2 陕西省洛南县政府小额信贷扶贫案例

洛南县地处秦岭东段南麓，商洛地区东北部，北与华阴、华县、潼关为邻，东与河南灵宝、卢氏相接。全县总面积 2791 平方公里，有耕地 50 万亩，辖 30 个乡镇、542 个行政村，有农户 10.5 万户，人口 45.1 万人。

1993 年洛南县被确定为国家级贫困县。当年全县有 212 个贫困村，3.3 万贫困户，14.4 万农村贫困人口。经过 4 年扶贫，到 1996 年年底，官方统计显示，仍有 1.91 万贫困户、8.22 万贫困人口。

洛南县小额信贷，因其率先实现从非政府组织小规模操作小额信贷，向政府大规模操作小额信贷的转变，成为全国政府扶贫到户的样本。

1. 洛南小额信贷试验和推广的过程

(1)试点

1996 年 10 月 29 日,洛南县扶贫办参加了商洛地委、行署在丹凤县召开的推广孟加拉国扶贫模式现场会以后,从当年 11 月 1 日开始,在高耀乡史村和磨子沟村进行试点①。

试点工作从 1996 年 11 月 10 日开始至 12 月 11 日结束。在试点过程中,洛南县具体采取了以下行动:

第一,逐级成立小额信贷试点领导小组,以加强对小额信贷试点的指导和协调。试点开始时,县政府成立了孟加拉国扶贫模式的试点领导小组,由主管县长任组长,县扶贫办、农行、财政局、妇联会、高耀乡政府的主要领导作为领导小组成员。在高耀乡也成立了试点实施领导小组,乡长任组长,乡财政、民政、信用社、妇联领导和史村、磨子沟村支部书记为成员,以加强试点实施工作的具体领导。在试点所在的史村、磨子沟村分别成立领导小组。

第二,抽调试点人员,培训业务骨干。为确保孟加拉国扶贫模式试点工作的顺利进行,县政府扶贫办、农行、财政局、妇联等部门和其他乡镇抽调干部,组成试点工作组。工作开始之前,进行了专门的学习培训。

第三,制订实施方案。县扶贫办下发了《关于认真做好孟加拉国扶贫模式试点工作的安排意见》,高耀乡结合实际制订了《高耀乡推行孟加拉国扶贫模式实施方案》。

第四,在借鉴丹凤小额信贷试点经验的基础上,结合当地实际,建立了有关的规章制度。先后制定了《高耀乡扶贫经济合作分社章程》、“扶贫分社工作人员招聘条件与工作职责”“小组长任职条件与工作职责”“享受扶贫贷款的‘五条标准’”、扶贫资金发放“八不投”、扶贫资金使用“六不准”、试点工作“十到家”、中心及小组活动制度、扶贫分社社员守则等规章制度。根据制定的制度,设计和印制了社员逐户调查摸底表、扶贫分社社员基本情况登记表、扶贫项目登记表、小组成员登记表、申请审批表、借款申请书、借款契约、联保协议书、资金使用卡、周会签到册、借款还款手册等相关的工作用表。

在层层宣传动员的基础上,组建了高耀乡扶贫社和 8 个扶贫中心,以及

① 有关资料基于作者对洛南县扶贫办、当地农业银行以及有关村民的走访。

39 个社员小组。在试点过程中，本着“方便群众，服务扶贫，简化手续，让利于民”的原则，对原来引进的孟加拉国乡村银行模式进行了调整，主要是：

①取消了会员每周上交 1 元小组基金的做法；

②考虑到扶贫社是不具有吸收社会储蓄功能的民间扶贫机构，将丹凤小额信贷试验中使用的借款储蓄手册改为借款还款手册。

③在扶贫分社章程中，明确了 50 元小组基金在社员退社或解除契约时本息一并交给本人，使群众消除了对小组基金的安全性的疑虑。

④在坚持五人（户）自愿组成一个小组的前提下，允许在特殊情况下每组户数有所增减。

⑤为了便于管理和监督，将“2∶2∶1”放款改为一次性统一放款。

⑥开展了“党员干部带穷人，经济能人带穷人”的带、帮、扶贫活动，使一些素质较低的特困户能够参与小额信贷扶贫。

试验共向 200 户贫困户发放扶贫资金 20 万元，落实了食用菌、养猪、加工、修理、商贸、服务和药材种植 7 个项目，其中食用菌 172 户、1254 架，养猪 110 户、199 头，加工业 20 户，修理业 2 户，商贸 17 户，药材种植 12 户。与以前的扶贫方式相比，试验的方法更好地解决了资金及项目的问题。在试验过程中，洛南县有关部门发现，试验所采取的一些方式方法和组织制度存在一些需要完善的方面，不利于小额信贷在政府扶贫中大规模采用。如扶贫社的民间机构性质，仅仅依靠扶贫社（单线管理），在大面积推广小额信贷扶贫方式时难以取得各级政府的参与支持；扶贫社作为民间机构，在法律上和经济能力上没有承贷承还的能力，也就是扶贫社开办的启动经费问题。

（2）推广

根据试验中出现的问题，洛南县扶贫办在借鉴小组联保小额信贷方法的同时，对从丹凤引进的孟加拉国扶贫模式，根据自己的理解和需要进行了调整。主要是：第一，将乡镇扶贫分社的性质由原来的纯民间组织改为乡镇政府领导下的群众性社团组织。乡镇扶贫分社接受县扶贫总社和乡镇政府的双重领导，接受金融部门（当时主要是县农业发展银行）的业务指导和财务监督，对县扶贫总社负责，承贷承还扶贫资金。小额信贷由原来的扶贫社单线管理转为扶贫社和政府双线管理，同时规定分社主任由总社任命，中心主任和组长由社员选举产生。第二，在贷款程序和产品方式上，将“2∶2∶1”放款程序，改为所有社员一次性放款，取消强制储蓄，除银行规定的利率外不再加息。第三,扶贫社的功能由单一的信贷服务,改为向贫困户提供产前、产中和产后的服务。1997 年 1 月,全县召开了一次有 600 多县、乡、村干部参加的扶贫开发工作动员誓师大会,全面介绍了小额信贷的概念、特点和好处,在全县范围内拉开了推广小额信贷的序幕。1997 年 1 月 16 日至 25 日,对全县 4000 多脱产干部进行了培训,并且在乡村层层召开干部和群众大会,讲解小额信贷扶贫到户的概念、内容、操作规程及高耀乡试点的效果,营造了小额信贷扶贫的良好氛围。

1997 年,全县发放小额信贷扶贫资金 1240 万元,1.466 万户农户受益。1998 年,发放小额信贷扶贫款 2000 万元,2.5 万户农户受益。1999 年,因中央调整扶贫贴息贷款的管理体制,禁止非金融机构运作扶贫贷款,从 1999 年 4 月 15 日起,洛南县扶贫社开始将小额信贷贷款业务转交给农业银行。据统计,自 1996 年年底开始试点以来,县扶贫办和扶贫社累计承贷扶贫贷款 2390 万元。县扶贫办自己统计只有 134.1 万元未收回。扶贫办分析,未收回贷款原因分别是:贷款户举家搬迁无法落实的;乡村干部强制摊派未收回的;强制摊派用于修学校、建计划生育用房的;违规向工业企业发放的;大户冒名借的等等。

相对于 1996 年以前的扶贫贷款回收情况,扶贫社负责发放的小额信贷资金的回收情况是相当不错的。

(3)转变

在由政府大规模推广小额信贷扶贫的过程中,暴露出了一些制度性问题。第一,以各种名称存在的政府小额信贷操作机构,在法律上不具有承贷承还的小额信贷资金经营权,政府小额信贷机构有非法操作之嫌。第二,政府小额信贷机构无力承受信贷风险和贷款损失。第三,政府小额信贷机构无力承受操作费用。根据这一情况,洛南小额信贷又从原来的双线管理转为“三线管理”。社团一条线,县扶贫总社、乡镇扶贫分社、扶贫中心、社员联保小组负责扶贫资金的投入、回收及户办项目的跟踪管理和配套服务工作;行政一条线,县政府、乡镇政府、村委会及村民小组负责审定项目以及扶贫资金的申请、上报和管理工作,研究解决推行发放与回收管理经济责任书,乡镇与村级村民小组签订经济责任合同书,层层落实工作责任;农行基层营业所一条线,负责及时足额投放资金、业务培训、账务审计、资金管理。

(4)转型后小额信贷的运行

①扶贫社职能的转变

贷款的分配和回收转移到农业银行后,按照新的职能分工,县扶贫社的主要作用调整为:第一,提供贫困户花名册,帮助农行选择贷款对象;第二,协助农行放款;第三,为包括小额信贷贷款户在内的贫困户提供技术服务;第四,帮助协调地方政府与农行的关系,解决它们之间发生的问题;第五,协助农行回收贷款;第六,协助联系产品销路。在多数小额信贷转到农行以后,县扶贫社仍直接下达部分与地方主导产业配套的小额信贷指标。如2000年下达烤烟贷款400万元、食用菌贷款300万元的指标等。有时,农行和农户会拒绝政府下达的贷款计划,对小额信贷的使用方向有较大的影响。

在小额信贷的发放和回收工作转移到农行之后,县和乡镇扶贫社将以为贫困农户提供技术服务作为工作的重点。技术服务主要采取以下方式进行:第一,围绕县政府确定的主导产业(畜、药、烟、果、菌),因地制宜进行系统培训。第二,按生产季节具体确定培训的内容,春季主要开展烤烟育苗、牲畜技术培训,冬季主要是温棚养猪、牲畜安全越冬技术培训。第三,聘请专业技术人员根据当地农业生产的实际需要,编印农业实用技术培训教材,免费提供给乡村干部和农民技术骨干。第四,采取多种形式开展培训,一般年初由乡镇扶贫分社组织3~5天的集中培训,重点培训村中心主任和小组组长。在不同的生产季节,以村为单位组织培训,每年在集镇做3天左右的科技图片展览和经验介绍,对于县政府确定的主导产业建立示范基地。

根据农业银行总行制定的有关小额信贷管理规定,县扶贫社在为基层农行提供上述支持时,农行应向扶贫办支付相应的代理费,但实际上农行会以各种借口拒绝支付。因此,扶贫社的工作实际上更多地局限于提供技术服务、信息服务、产品购销服务等方面。

②农行管理的小额信贷

小额信贷从扶贫社转移到县农行之后,由于农行对放款的回收实行终身追究责任制。工作人员放款异常小心,放款量少,放款速度慢。如1998年,全县共放款2000万元,从3月到5月全部放完。2000年,农行放款任务为1470万元,直到9月还没有完全放完。当然,农行放款速度慢也与其工作人员少有关,县扶贫社有130名工作人员,而农行在贫困乡镇只有38个专贷员。更重要的是,改为农行放款以后,原来行之有效的行政命令不再发生作用。

1997年小额信贷实行每周还款,1998年改为每月还款。农行接管后,有时按月收,有时按生产季节收,并且有转变成常规贷款的趋势。小额信贷到期以后,农行逾期贷款直接转为常规贷款。

③农行办理小额信贷业务的成本和风险

自1999年5月接管小额信贷业务以来,由于小额信贷点多面广、工作量大,农行专门为此新聘了38个专贷员,每人每月工资400元,每人各项补贴和水电费250元,另加上服装费和其他一次性补贴(如过年过节发的大米),每人一年需1万元;原来的正式员工中,有30人专门负责小额信贷业务,每人工资、福利和各项费用需2.8万元,仅人员费用一年就需要122万元,一年用于印刷各种凭证的费用为8万元。另外,为了防范道德风险,县农行每年会组织两次大型检查,不包括工资的支出需10万元左右。全年的直接管理费用为13万元。小额信贷贷款额为5100万元,管理成本为2.55%,农行平均计息资金成本为3.6%。以此计算,农行运作小额信贷的综合成本为6.15%,可政府规定,用贴息贷款发放的小额信贷,只允许对用户收取3%的年息,利率与成本相差3.15%。中央财政只负责补贴付息成本与放款利率之间的利差,即补贴0.6%。剩下的2.55%由农行自行消化,农行办理小额信贷业务一年亏损130.05万元。

洛南农行办理的小额信贷业务,除了自然风险和市场风险以外,主要存在以下风险:第一种风险来自政府对贷款用途的行政干预造成的风险。自1997年洛南开始大规模推广小额信贷以来,地方政府一直试图将小额信贷与发展地方支柱产业结合起来,先后在不同地区规划了烤烟、养猪、食用菌、水果和中药材等支柱产业,将小额信贷优先和主要分配给贫困农户从事与支柱产业相关的经济活动。虽然基层干部确定支柱产业的初衷是增加农民收入和地方财政的收入,但由于缺乏充分的技术信息和市场信息,以及缺乏必要的管理和决策能力,没有建立大规模生产所需的加工销售设施和技术培训条件,一旦利用小额信贷支持的支柱产业出现市场和技术风险,小额信贷用户会在经济上遭受损失而影响其还款能力,负有行政管理责任的地方政府既不能也不愿意为此买单,而小额信贷用户也有充分的理由不按时偿还贷款。其结果是,导致农行小额信贷回收延期,甚至有可能变为呆滞或呆账贷款。如2000年,农行按照政府建议发放了食用菌贷款200万元①。因农民没有完全掌握技术,以及当年市场价格下跌,贷款到期回收率不到50%。第二种风险是道德风险。由于洛南小额信贷改由农行办理以后,继续采用贴息贷款的方式,而且过去由扶贫社确定的贷款额度控制仍继续保留,加上农行的营业机构远离农村,即使加上增聘专干,人员仍然不足,在这样的情况下,部分农民采取冒名顶替的方式骗取小额信贷资金,使农行和扶贫社采取的监控措施落空。为了减少冒名顶替产生的风险,农行发放小额信贷时要求用户的户口簿、身份证和贫困户花名册三证对照。由于农民的信用意识淡薄,在实际中仍存在少数的协同欺诈的现象,即部分农民自愿让他人借用自己的身份为他人做替身,协同对农行实行欺诈。在农民信用意识淡薄、农行业务人员不足的条件下,道德风险对农行办理小额信贷是一种很大的威胁。第三种风险来自于小额信贷用户转移贷款用途。主要存在两种转移贷款用途的情况:一是小额信贷用户将贷款用于非生产性活动,如子女上学、治病等;二是用户将贷款用于上缴政府三提五统,据农行反映,有一乡镇2000年农行发放的45万元小额信贷中,有6万元用在了上缴提留上。

(5)扶贫社组织机构和人员

从1997年开始,洛南县建立从县至村的扶贫社服务组织系统。在县成立扶贫社,在乡镇成立扶贫分社。全县建立了30个扶贫分社。有130名工作人员在扶贫社系统工作,使扶贫社成为仅次于教育和公检法的政府大部门。

洛南县扶贫社与乡镇扶贫分社工作人员来源以新毕业分配的学生为主,其次是从乡镇政府调配过来的干部。工作人员中有81.5%具有中专和大专以上学历,不过只有一小部分工作人员具有从事扶贫社工作所需的财务、农业技术和管理方面的专业知识背景。

(6)小额信贷扶贫的效果

由于洛南小额信贷经历了三个发展阶段,对其扶贫效果的评价具有较大难度。在这里我们从政策和微观效果两方面,对洛南小额信贷扶贫的影响进行考察。

---

① 政府计划300万元,农行最终发放了200万元。

①探讨了一条扶贫到户的途径

洛南县在试验和推广小额信贷的过程中,比较有效地解决了扶贫资金和项目到户的问题。从1996年11月开始试验,到1998年年底,扶贫社累计扶持了20702户贫困户,8.22万贫困人口从中受益,累计投入扶贫资金2070万元。据县扶贫社调查统计,这些扶贫资金累计帮助贫困农户实现经济收入4293.9万元,户均2050元。在通过小额信贷实现资金到户的同时,洛南县还采取小额信贷扶贫到户与干部帮扶到户结合的双到户模式,使贫困农户在得到资金的同时,还能一定程度上得到帮扶干部在技术、信息等方面的帮助。

②拓展了贫困农户的收入形成空间

通过为贫困户提供资金和技术服务,使贫困农户能够开展新的经济活动,拓展收入形成渠道。在小额信贷推广过程中,洛南县逐步发展起了养殖、烤烟、食用菌、药材和加工等与扶贫相关的支柱产业。使原来单一的产业结构得到优化。小额信贷用户获得资金和技术支持以后,能够形成比较持续的现金收入来源。

③增加了贫困农户获得技术的机会

由于扶贫社相当部分精力放在为贫困户提供技术培训和服务上,贫困户比没有扶贫社以前能够有更多的机会获得技术培训方面的服务。在扶贫社的制度安排下,各个乡镇都配备了3~5名扶贫分社干部。尽管他们并不都具有专业技术知识,但由于多具有较高的文化素质,能够较好地领会新技术的要领,即使作为“二传手”,也会对穷人更快地掌握新技术起到一定的帮助作用。

(7)政府小额信贷评价

洛南小额信贷在实现扶贫资金和项目到户方面进行了有益探索。但是,对政府小额信贷扶贫的作用和功过,应该从历史的角度去评判。无疑,政府小额信贷扶贫相对于以前的通过经济实体间接扶贫的方式来说,在改善资金和服务到户方面,取得了非常显著的效果。但显然,它也只能是一种过渡的方式。首先,政府小额信贷在制度安排上具有内在的缺陷,用户会将还款与政府的其他行为联系起来,难以保证项目生存所需的高还款率。其次,虽然扶贫社在提供技术支持中起了重要的作用,但它不是最有效的技术服务方式。一方面,扶贫社工作人员不具有专业技术;另一方面,保持与农行推广站并存的服务分社，也会导致有限的财力的浪费。最后，在农行现有的政策框架下，由农行发放和管理小额信贷，没有任何机构网络与社会交流方面的优势，事实上农行也只是在政府的政策压力下才勉强应付小额信贷业务。前文谈到农行运作小额信贷所发生的高成本、高风险，并非洛南县的个别情况，而是由农行的组织管理体制与操作小额信贷的特点之间的深层矛盾所引致的。相对来说，由信用社操作小额信贷，比由农行操作具有更大的优势。

4.3 农村合作金融机构金融服务阶段

在促进"农业、农村、农民"发展的战略背景下，为了解决"农户贷款难"问题，中国农村合作金融机构（农村信用社、农村商业银行和农村合作银行）在人民银行支农再贷款的支持下，开始发展小额信用贷款和户联保贷款。这标志着中国正规农村金融机构开始大规模介入小额信贷领域，而小额信贷的目标，也从"扶贫"领域扩展到"为一般农户以及微小企业服务"的广阔空间。自此，小额信贷的总量规模也大为扩张。

需要特别说明的是，中国农村合作金融机构发放的小额信贷，尤其是小额信用贷款，在风险管理技术方面，也与 NGO 阶段和政府的政策性小额信贷项目广泛采用的格莱敏银行传统模式不同。第一，关于农户小额信用贷款，以农户信誉为保证，使用一户一份的农户贷款证，按照"一次核定，随用随贷，余额控制，周转使用"的管理办法进行，贷款期限为 1 年。1999 年以后，基层又出现信用村（镇）建设。在农户小额信贷顺利开展的基础上，由农村信用社县联社统一组织，乡镇农村信用社依赖村党支部、村委会和社员，根据小额信贷贷款户占全部农户的比例和农户守信程度，开展评定信用村（镇）活动，对不同信用程度的村镇在发放农户贷款上实行分类管理。第二，关于农户联保贷款，事实上对 GB 传统模式进行了改进。信用社对没有直系、亲属关系的农户自愿组成的联保小组发放的贷款，基本原则是"多户联保，按期存款，分期还款"。联保小组由 5 ~ 10 户组成，承担连带保证责任。借款人在贷款前先向农村信用社存入不低于贷款额 5% 的活期存款。单次贷款额度原则上不超过当地农户的年平均收入，期限不超过 1 年。

4.3.1 陕西省丹凤县农村信用合作社农户小额信贷情况调查

(1)基本情况

丹凤县位于秦岭东段南麓,是国家贫困县,辖21个乡镇、208个村,30.2万人。联社下设16个信用社、1个营业部、10个信用分社,现有职工242人。至2007年9月底,各项存款余额79196万元,较年初净增21762万元,存款市场份额38.9%,较年初提升了2个百分点;各项贷款余额52507万元,较年初增加9400万元,存贷占比66%。其中,农业贷款余额40041万元,较年初增加7402万元,占贷款总额的87%;按五级分类口径,优良贷款26345万元,较年初增加13349万元;不良贷款26161万元,较年初下降1143万元,完成年纯降任务2900万元的125.62%;不良占比49.82%,较年初下降19.5个百分点;实现各项收入3820万元,账面盈余658万元,完成了年度利润计划①。

(2)小额贷款发放情况

丹凤联社自2001年开展农村信用工程以来,对辖内72120户农户进行了入户调查,并健全了农户经济档案,剔除孤、寡、独及五保户外,建档农户71080户,建档面达到了98.5%。评定信用农户49763户,占全部农户的70.1%,其中优秀户、较好户和一般信用户分别有19212户、22751户和7800户,总授信额度达到了111033万元,共为辖内有贷款需求的14,312户。农户发放农户小额信用贷款8133万元;评定信用村17个,占辖内208个行政自然村的8%,全县21个乡镇中有8个被评为"信用乡(镇)"。2004年至2007年9月,累计发放小额信用贷款22880万元,其中2004年发放5985万元,2005年发放7920万元,2006年发放4067万元,2007年1-9月发放4908万元,累计收回小额信用贷款17006万元,其中2004年收回4544万元,2005年收回5109万元,2006年收回4174万元,2007年1~9月收回3400万元,累放额占当期累放的32.7%、42.1%、25.4%。2007年1~9月,小额累放占本期累放额的74%。全县22个有贷款业务的营业网点全部开办小额信用贷款,共有37名信贷员从事小额农贷的发放和管理工作,占信贷人员的80%。

(3)开展小额信贷取得的成效

小额信贷由于灵活、方便、快捷的特点,自推出后受到了农户、村组和政

---

① 《小额信贷在丹凤》《丹凤县农村信用合作联社关于农户小额信用贷款情况调查的汇报》。

府的高度重视和称赞，取得了多赢的效果。

①满足了较大部分农民合理的贷款需求

小额信贷的推出，使农村信用社信贷门槛降低，为很多信誉良好但无担保抵押的农户打开了融资大门，有效缓解了农民贷款难的情况，成为农民调整结构、发展生产、开拓市场、增加收入的助推器，有力地推动了农业结构调整，促进了农村经济的发展，为广大农户脱贫致富创造了最基本的原始资本积累。

②小额信贷的发放密切了社群、社政关系

小额农贷的投放，要求信贷人员走村到户，了解农户的信用状况、资产情况和种养情况，掌握农户靠什么生存，吃什么饭，增加了与农户的接触，拉近了与农户的距离，密切了与群众的联系。当前社会信用意识有所改变，“守信光荣、失信可耻”的观念逐步强化，良好的农村信用氛围正在形成。与此同时，在信用村的创建和信用户的评定中，把基层村组干部和当地威望较高的村民纳入评级领导小组成员当中，听取他们对信用户评级的意见。由于基层村组干部的参与，给了他们充分的信任，使他们感觉到农村信用社对他们的重视，从而对农村信用社的形象、作用有了更清楚的认识，构筑了一种信任、平等、互助、合作的社群、社政关系。

③农村信用社支农主力军和农村金融纽带作用得到发挥

农村信用社发放的小额信贷，在支持“三农”发展的同时，也为信用社的信贷资金找到了载体，为信用社的可持续发展奠定了基础。据统计，截至2007年9月末，丹凤联社贷款52507万元，占全县金融机构贷款余额的70%。2007年1～9月累放各项贷款33112万元，其中，农户累放25039万元，农村经济组织累放4800万元，农村工商业累放2945万元，其他贷款328万元，已成为支持地方经济发展的主要信贷投入主体。尤其是信用社的网点多，辐射面广，为“三农”的发展提供了便捷的金融服务，信用社支农作用得到了充分的体现。

(4)小额信贷发放、管理中存在的问题

①小额信贷外部因素风险较大

小额信贷主要是依据借款人的信誉发放的小额贷款，由于借款人都是农民，从事的是农业生产，农民自身的弱质性和经营农业生产的高风险性使得贷款外部风险较大。一是信用风险。信用风险是小额信贷最大的风险。

借款人自身的人格信誉属道德品质范畴,变数很大,由此形成的债务链极为脆弱,一旦断裂和遭到破坏,就会失去对贷款偿还的约束力。如果农户在经营过程中遭受不可抗拒的自然灾害或家人出现其他变故,如疾病、意外伤害,就可能导致农户信用程度下降或丧失。二是市场风险。小额信贷以一家一户分散生产经营为主,小生产与大市场的矛盾是必然的经济现象。农户小生产的盲目性很容易使农产品出现结构性趋同,加上农村社会服务体系不健全,生产技术和水平落后,农产品的生产成本与交易成本较高,变现能力相对较差。三是自然风险。从小额信贷扶持的产业分析,小额农贷的承贷主体是以农业生产收入为主要来源的农户,农业的弱质性决定了其生产经营对自然条件及生产环境有较强的依赖性。农业受自然灾害的影响很大。一旦遇到较大的自然灾害,农业生产将受到很大的影响,造成的损失必然有一部分会转化为信贷资金风险。加之农村信用社点多面广,地域辽阔,贷款农户居住分散,现有的信贷人员力量薄弱,无法对小额农贷的管理、监督工作有效跟踪,普遍存在小额农贷逾期率高、回收难度大的问题。2002—2006 年,累计向人民银行借支农再贷款 4.5 亿元,这部分贷款基本上都是小额信用贷款。人民银行已从联社账上全部收回支农再贷款,但信用社并没有从农户中全部收回。至 2007 年 9 月底,全县信用社支农再贷款还有 1000 万元费未收回,预计全部损失不能收回。

②股金余额锁定与双信推创之间的矛盾比较突出

社员入股是信用社信用评级的前提,也是小额信用贷款的基础。统一法人社时为了保持股金的稳定性,锁定了股金余额。一些农户要求入股评定信用户,享受小额信用贷款。但信用社不能吸收股金给评级授信,影响了双信推创工作和小额信用贷款的发放,出现 2006 年以来小额信用贷款投放增幅小的局面。

③小额信贷的信用发放与贷款的责任追究形成矛盾

小额信贷是基于借款人的信誉发放的贷款,存在许多不确定因素。有相当数量的信贷人员慑于追债的压力,不愿意发放小额信贷,宁可少拿工资,也不愿承担责任去发放。

④小额农贷逾期率较高

经统计,2005 年、2006 年和 2007 年,丹凤县信用社小额信贷现金收回率分别为 82%、85%和 90%,都没有达到规定标准。主要原因,一是部分农户借款后外出务工，到期后不能及时偿还；二是受黄姜等产业结构调整因素影响，前几年发放的黄姜贷款经展期后又陆续到期，绝大多数农户因种植黄姜血本无归，生活困难，无力偿还贷款；三是农户抗风险能力不强，或因受灾或子女上学，影响到期偿还贷款；四是部分农户信用观念淡薄，存在还账等待或者观望思想，甚至有逃废债务的现象。据不完全统计，所发放的小额信贷款约 2200 万元难以收回。

4.3.2 陕西省商洛市小额信贷情况调查

农户小额信贷在制度安排上，是顺应经济发展规律的制度创新，还是国家维护安定团结的政策性措施？在经济增长上，是扶贫式的无效投资，还是具有经济拉动力的有效要素配置？在资金供给行为上，农村信用社的信贷投放是积极主动的，还是消极被动的？为此，本章节以陕西省商洛市为抽样对象，进行了认真分析研究，在揭示农户小额信贷与农村信用社自身效益以及农村经济发展关系的基础上，肯定了农户小额信贷的政策效果。

(1)商洛市农户小额信贷的现状

商洛市地处陕西省东南部，兼“两域"(长江、黄河流域)，跨“两带”(亚热带、暖温带)，省内与西安、安康、渭南相邻，省际与河南、湖北接壤，素有西部“东大门”和中西部地区“连接点”之称，总面积 1.93 万平方公里，人口 237.5 万人，其中农业人口 203.68 万人，占总人口的 85.76%，所辖六县一区均系国家级贫困县。资源丰富，有各类树种 1320 种，油料植物 252 种，中药材 1119 味，宜林面积 2005 万亩，耕地面积 192.5 万亩，农民人均占有耕地 0.95 亩。至 2006 年 6 月末，全市实现国内生产总值 43.6 亿元，同比增长 11%，其中第一产业 8.44 亿元，增长 0.3%，第二产业 15.3 亿元，增长 14.3%；第三产业 19.86 亿元，增长 69%。城镇居民人均可支配收入为 3574 元，增长了 6.0%；农民人均现金收入 887.3 元，增长了 16.9%。

(2)农户小额信贷的运作方式及投放状况

①运作方式

农户小额信贷的运作方式：一是由农户提出信用等级评定申请。经村委会同意，并加注意见后，报村信贷员审查。二是由包村信贷员在摸底调查的基础上,拿出审查意见,并提交所在地农户信用等级评定领导小组审议①。三是由农户信用等级评定领导小组根据农户的信用记录、家庭状况以及在信用社的入股情况,依据农户信用等级评定指标体系,对农户进行优秀、优良和一般三个不同级次的信用等级评定,并经公示无异议后颁发贷款证和信用等级牌。四是由农信社根据优秀户 1 万元、优良户 8000 元、一般户 5000 元的授信额度,向信用户提供"一次核贷,随用随贷,余额控制,周转使用"的信贷服务。五是对信用户超过 60% 的行政村授予信用村称号。对信用村超过 60% ~70% 的乡镇授予信用乡镇称号,并为其提供更为优质的信贷服务。

②农户小额信贷的投放状况。

开办业务机构状况。商洛市农户小额信贷制度于 1999 年开始,在部分经济条件相对较好的川道信用社进行试点,2001—2002 年全面推开。截至 2006 年 6 月末,全市 116 个基层农村信用社均开办了此项业务,机构覆盖面为 100%。

信用村(镇)建设状况。截至 2006 年 6 月末,全市农村信用社已建立农户经济档案 479912 户,占农户总数的 95.2%,评定信用户 337150 户,占农户总数的 87%,创建信用村 387 个、信用镇 22 个,分别占行政村总数和乡镇总数的 18.62% 和 13.5%。

农户小额信贷的投放状况。截至 2006 年 6 月末,全市农村信用社共向 286367 户农户发放小额信用贷款 93300 万元,农户小额信贷占农村信用社各项贷款和农户贷款余额的比重分别为 26.79% 和 43.33%,农户小额信贷的覆盖面为 56.8%,剔除 53471 户没有信贷需求和 36147 户不符合信贷条件的农户,其覆盖面高达 69.1%。

(3)实施农户小额信贷产生的政策效应

①宏观效应

现阶段,受农村家庭联产承包责任制的影响,农户信贷需求具有承贷主体分散、有效抵(质)押不足、需求数量较小三个特征。农户小额信贷制度的适时推出,以其精确瞄准农户、投放方式分散、无须抵押担保、手续简化灵活、贷款额度较小的特点,有效破解了农村经济发展的金融瓶颈。其政策效

① 领导小组成员由信用社主任、包村信贷员、村文书、村委会主任和村民代表组成。

应突出显现为：一是在最广泛的范围内，解决了社会收入最底层农民渴望致富与资金不足的矛盾。二是在传统农业向现代农业转变的过程中，给予了农民更大的生产经营选择权，使农民不再局限于传统农业的耕作，加快了农村产业结构调整步伐，解决了农民资金有限性与愿望多样性的矛盾。三是为农村信用社提供了广泛的信贷载体，解决了农村信用社信贷资金大量剩余的问题。以商洛市为例，自开办农户小额信贷以来，全市农村信用社的存贷比率已由2000年的62.3%提高到2006年6月末的91.1%，资金运作效率显著提高。

②微观效应

农村经济效应。一是助推了农业产业结构调整。商洛市的农业具有较大的自然和资源优势，但长期以来受资金瓶颈制约，商洛农村产业结构调整缓慢。近年来，在农户小额信贷支持下，商洛的农业已逐步由传统农业向特色农业转变。截至2006年年末，全市核桃种植面积100万亩，中药材种植面积50万亩，板栗种植面积200万亩，在种植业内部，经济作物的播种面积已达164万亩，粮经比已调整到6:4。与此同时，农业产业化龙头企业长足发展，涌现了一批如商洛香菊、山阳必康、柞水盘龙等著名医药企业，及商南茶叶公司、镇安丝绸公司、洛南财安食品公司等一批与当地农业经济联系密切、辐射带动作用较强的农业产业化龙头企业。以洛南县财安食品公司为例，该公司年宰杀生猪10万头，相当于全县生猪养殖总量的90%。在该公司的带动下，该县景村、古城等五个乡镇90%以上的农户以生猪养殖为主导产业，“公司+基地+农户”的产业模式已经形成。二是助推了农民收入的持续增加。2000—2006年，全市农民人均纯收入由1128元增加到1420元，增长25.9%。从已建成的信用村看，人均收入增幅超过五成。

金融机构效应(农村信用社)。一是密切了社农关系，拓展了生存空间。截至2006年6月末，全市农信社贷款市场占有率为52%，较2000年提高了近20个百分点。二是提高了资产质量和营利水平。截至2006年6月末，农信社不良贷款占比11.01%，其中农户小额信用贷款的不良率为8.2%，低于不良贷款平均比率3个百分点。实现营利2570万元，不良贷款占比较2000年下降27.8个百分点，消化历年亏损4024万元。

金融生态环境效应。作为获取农户小额信贷的必备条件，信用村(镇)创建活动关乎农户乃至乡、村的整体形象和利益，其意义已经远远超出经济范畴,正向政治和文化领域扩展。如在洛南县个别地方,已经出现了将是否为信用户作为“婚姻嫁娶”考察条件的典型事例,农村地区和谐的金融生态环境正逐步形成。

实践证明,农户小额信贷是顺应农村经济发展规律的制度创新,是促进农村经济发展和提高农村信用社营利水平的重要途径,是农村信用社信贷资金有效配置的最佳模式,是农村信用社最具活力的新的营利增长点,农户小额信用贷款形成的信用激励,净化了农村地区的信用环境。

(4)现阶段农户小额信贷中存在的问题及原因

①农户小额信贷期限结构不合理

随着传统农业的逐步退出和农业多种经营模式的逐步形成,农户小额信贷最长不得超过1年限期的规定,已不能适应农业发展的需求。以薯芋等经济作物为例,其生长期一般在2~3年,贷款期限结构的不合理,不仅增加了农户小额信贷的逾期数量,而且导致了农户信用等级和信贷需求满足率的下降。

②贷款额度不合理

目前,农户小额信贷限额最高为1万元,从农村经济发展的实际情况看,此类贷款限额的设置只能适应扶贫性需求,难以满足农户多元化生产和扩大再生产之需。

③贷款差别利率在贫困地区农村难以实行

商洛市农户小额信贷的利率定价普遍为基准利率上浮80%,利率定价明显偏高。通过对洛南景村的实地调研发现,导致这一现象的主要原因是,农民相互攀比心理较强。该镇信用社也曾一度实行过差别利率,但从执行效果看,不仅没有产生信用激励,反而因利率的等级差别引发了农户的心理失衡,使农村信用社丧失了部分贷款客户。

④贷款投放量和覆盖面仍显偏低

商洛市农户小额信贷虽然已经推广实施了6年半的时间,但时至2006年6月末,农户小额信贷占农村信用社各项贷款的比重却不足30%,农户小额信贷的覆盖面仅为56.8%。分析原因,一是部分信用社曲解了政策意图,将农户小额信贷制度与国家扶贫性政策措施混为一谈,对农户小额信贷投放不积极、不主动;二是在风险防范的方式上,农村信用社足额抵押担保的传统风险防范模式尚未打破,影响了农户小额信贷的投放量和覆盖面。

4.4 商业性小额信贷阶段

近年来,中国政府部门在制定农村金融方案的过程中,逐渐认识到开放农村金融市场是解决农村金融问题的关键。小额信贷在解决农户和小微企业、中小企业贷款难的问题上可以发挥重要作用。2004—2006 年连续三年,中央一号文件都强调要在有效防范金融风险的前提下,支持小额信贷的发展。在中央一号文件的鼓励下,中国小额信贷发展到了一个新阶段。新阶段的主导思想是,从以扶贫和社会发展为中心,过渡到既要扶贫支持微型企业发展,又要实现小额信贷机构的可持续经营,从而可持续地为穷人和微型企业提供金融服务。这个新阶段的第一个主要标志是中央对小额信贷的支持和鼓励。人民银行积极倡导小额信贷,目前有五个省、区、地方政府积极响应,并组织实施了商业性小额信贷试点。第二个标志是中国国内的机构和国际捐赠机构开始重视现有金融机构特别是城市商业银行的金融产品和服务的下移,即把现有的金融产品和服务,延伸到微型企业和小型企业,延伸到低收入阶层。第三个标志是对农民组织和社区基金,主要是村级基金的重视,并把提供金融服务与对贫困农户的其他服务联系起来,从而改善农业生产水平和农民生活。

目前已经开始进行商业性小额信贷试点的地区包括,山西省的平遥县、四川省的广元市中区、内蒙古的鄂尔多斯市东胜区、贵州省的铜仁地区江口县、陕西省的户县。继山西省平遥县和四川省广元市中区先后成立三家小额信贷公司之后,内蒙古鄂尔多斯市东胜区和贵州省的铜仁地区通过公开竞标产生的两家公司和陕西省户县的两家小额贷款公司也已经挂牌成立,试点工作总体进展顺利[①]。

4.4.1 山西省小额信贷公司试点情况

(1)平遥县基本情况

平遥县是山西省的一个人口大县,也是一个农业大县,全县有人口 48.5

① 限于篇幅,本章节仅介绍山西、四川与贵州的小额信贷试点,对于陕西与内蒙古的小额信贷试点,不进行分析。

万人,其中农业人口41.6万人。面积129平方公里,辖5镇、9乡、273个行政村和4个社区,有耕地79万亩,人均1.65亩。2006年,全县国内生产总值完成33.6亿元,财政总收入完成12亿元,城镇居民可支配收入7702万元,农民人均纯收入3126元,各项经济指标在晋中市基本处于第四的排位。第一、第二、第三产比例为16∶45∶39,其中,一产主要是种植业、养殖业、林果业和农副产品加工业;第二产业主导产业有煤焦(煤焦是第一大工业主导产业,占财政总收入的近一半)、铸造、机械制造,橡胶、针纺织业;三产主要由旅游业带动,全县以旅游为主的三产从业人员达4万多人。目前,全县有国家级保护单位11处,省级8处,市级4处,县级76处,已发现的地上、地下遗址和遗迹达30处。平遥古城1997年被列入世界文化遗产,旅游业蓬勃发展,2006年接待游客73万人,门票收入5750万元,旅游综合收入5.3亿元,旅游产业占国内生产总值的比重达15.8%。

(2)小额贷款公司的成立及成立前准备工作

2005年年初,国务院确定在四川、贵州、陕西实行小额信贷试点。5月底,山西、内蒙古先后被确定为小额信贷试点省区。根据国务院四部委小额信贷专题工作组总体部署,目的是通过创建小额贷款组织,给垄断农村金融服务领域的农村信用社培育竞争对手,为今后促进农村资金回流,引导和规范民间融资,形成竞争性农村金融市场创造条件。山西被列为小额贷款组织试点省之后,省政府领导对试点工作十分重视,要求积极动员,大力推进。领导组下设办公室,由人民银行太原中支副行长任主任,具体负责日常工作。经过认真研究论证,6月下旬选择在晋商故里、票号发祥地平遥县进行试点。对此,晋中市政府成立了山西省小额贷款试点工作指导组,由分管金融副市长任组长,市人民银行行长任副组长。平遥县政府也相应成立了山西省平遥县小额贷款试点工作实施小组(以下简称"实施小组")。由常务副县长担任组长,县人民银行行长任副组长,成员由县委宣传部、政府办、经贸局、财政局、国税、地税、工商、农业局、银监局、县担保公司等部门负责人组成,实施小组下设办公室、宣传小组、招标小组、政策指导小组。省、市、县三级组织领导和实施机构很快投入试点工作。

从7月初开始到12月初,实施小组共进行了五个方面工作:一是组织实施小组相关人员到外省考察学习;二是起草、修订和完善试点工作实施方案;三是对县域经济、金融、企业家情况进行深入分析;四是召开不同层次的吹风会、动员会；五是着手招标、选址等前期准备工作。通过考察调研，实施小组认为人民银行确定的小额贷款公司资金来源为300万～500万元，不能满足资金双方的需求，不利于公司发展。因此，实施小组结合实际情况确定小额贷款公司的资金来源不低于150万元。发起人应以3～5人为宜，发起人太少，资金难以筹措；发起人过多，易形成多方管理，不利于公司的未来发展。发起人必须是自然人，党、政、群、机关、金融干部及国家事业单位人员（包括离退休人员）除外，发起人首先自行组合，后以整体进行招投标。

12月18日，实施小组举行小额贷款公司发起人招投标会议。会议由平遥县常务副县长主持，评委由来自平遥县人民政府、人民银行太原中支、人民银行晋中市中支、晋中银监分局等单位的9人组成，在平遥人大、政协的监督，公证处的公证下，经过开标、评委打分、宣布结果等环节，平遥县日升隆小额贷款有限公司和平遥县晋源泰小额贷款有限公司分别以170万元和160万元中标。实施小组当场向两公司下达了《关于组建平遥县晋源泰、日升隆小额贷款有限公司的决定》。

晋源泰小额贷款有限公司由4名发起人组成，法人代表韩士恭；日升隆小额贷款有限公司由3名发起人组成，法人代表王治信。两位法人代表均为平遥县个体私营主。公司为自发组织，非隶属关系，资金来源为自然人合法收入，贷款主要采用信用、担保、抵押、质押方式，实行市场化利率，以人民银行公布的基准利率4倍为上限，不得吸收储蓄资金，不得跨县经营，贷款业务在平遥县境内开展。两公司在法人治理结构上都实行董事会领导下的总经理负责制，董事会负责公司经营方针和发展战略的决定和重大事项的调整变动决策，总经理负责日常业务的运作管理，并向董事会负责。

12月27日，在平遥县丽泽苑国际酒店隆重举行了晋源泰、日升隆两家小额贷款公司开业揭牌仪式，这是全国率先成立的小额贷款公司。晋中市委、市政府、平遥县四套班子主要领导和晋中市有关部门，以及新华社、中国青年报、中国农民报、山西省各大新闻媒体出席了揭牌仪式。晋源泰、日升隆两家公司当场向10位农户发放了第一批农户贷款，贷款额度最高7万元，最低3万元，贷款总额510万元，贷款投向主要为种植业和养殖业。

（3）小额贷款公司的方案设计

①指导思想

在小额贷款公司的设计上，明确其指导思想为“走可持续发展的商业性道路”,资金投放面向县辖范围内的“三农”,要体现商业性、营利性和可持续性。同时坚持“自主经营、自我约束、自我发展、自担风险”的原则。

②治理结构

小额贷款公司依照《中华人民共和国公司法》设立有限责任公司,由股东共同制定公司章程,公司的内部组织机构严格依照《中华人民共和国公司法》的有关规定设置。

③资金来源

发起人自有资金;在有条件的情况下积极争取国外资金、各种捐赠资金、政府扶持资金;运营正常后,经发起人同意,允许发起人以外的自然人或法人投资入股;自然人或法人的委托资金,公司以法人向金融机构贷款;争取将邮政储蓄资金、农发行资金以一定比例回流当地。

晋源泰小额贷款有限公司于2006年8月8日由4位发起人每人增加资金10万元,目前公司资本金已达700万元。世界银行金融公司多次到晋源泰进行考察,意欲入股。日升隆小额贷款有限公司于2006年8月4日以现金方式接受平遥县牛肉集团有限公司委托存款一笔,金额50万元,委托利率7.5%,委托期限半年。

④贷款运作

贷款对象:平遥县两家小额贷款公司以正规金融机构难以覆盖的“三农”为主要对象,重点以从事种植业、养殖业、林果业、农副产品加工业、农村流通业、农村中介服务和其他农村社会事业的生产者和经营者为贷款对象,“三农”贷款比例不低于75%。

贷款金额:单笔金额最高不超过10万元,其中5万元以下农户贷款比例不低于70%。单户贷款余额不得超过小额贷款公司资本总额的5%。

贷款利率:贷款实行市场化利率、自主经营、自主定价,由公司与借款人双方协定,但必须控制在法律保护的范围内,即人民银行基准利率的4倍。目前,贷款利率最高为22.32%,最低为15.66%,平均贷款利率19.195%。

⑤风险担保

风险控制:小额贷款公司资本金不低于150万元人民币,资本充足率不低于8%;为控制委托业务过度扩张形成风险集中,小额贷款公司不良资产超过10%时,即停止其办理委托贷款业务。

风险补偿基金:小额贷款公司按照国家有关规定提取呆账准备金冲销呆账。

风险担保基金:以发起人自有资金的10%、委托人委托资金的6%作为风险担保基金。各种无偿援助、捐赠资金等也作为风险担保基金。风险担保基金由平遥县中小企业担保公司进行管理,并专户存入指定金融机构,用于委托资金和其他负债资金的担保,担保额度可按担保基金的1:5或1:8进行担保。平遥县中小企业担保公司和小额贷款公司不存在隶属关系。

⑥监测检查

实施小组对小额贷款公司进行指导、监督,为其提供政策引导、市场引导、风险预示、信息互换、人员培训等。小额贷款公司向实施小组办公室按月报送月度业务状况表、分析表、逐笔贷款登记表,按季报送损益表和季度业务状况报告等书面材料。实施小组办公室要对上述报告和材料进行非现场监测和分析,并按季进行现场检查,以确保试点工作的顺利进行。

(4)小额贷款公司发展情况

①示范带动效应逐步显现

一是从机制上对农村信用社形成了竞争压力。小额贷款公司的成立打破了农村信用社在农村金融领域的垄断局面,作为一个标志和信号,对农村信用社的改革发展具有积极的促进作用。

二是对引导民间借贷起到了指引导向作用。

三是方便、快捷、周到、细致的服务与传统金融机构的官商习气形成了对比。

四是使农民看到了希望。小额贷款公司的成立为农民融通资金增加了一种选择,使农民增强了脱贫致富的信心和动力。

②小额贷款公司各项基础工作稳步推进

在机构设置上,两公司根据《公司法》建立法人治理结构,并结合各自实际情况,对各自内设机构进行了科学设置。在制度建设上,两公司初步形成了三大制度建设框架。一是以公司管理为主的权威性制度建设,有《公司章程》《基本管理制度》《财务管理制度》《考勤、工资管理制度》《员工守则》《信贷员百分考核办法》。二是以岗位分工管理为主的职责性管理制度,如管理层——股东会、执行董事、经理、监事的岗位职责;操作层——信贷、会计、出纳、保安、文秘等的岗位职责。三是以业务操作程序为主的规范操作制度,如贷款业务操作流程要点、会计出纳相互制约操作流程要点等,做到差错不出门、取信于农户,到目前没有发生一起贷户投诉事件。在财务核算上,两公司在人民银行的指导下,参照金融机构财务核算体系,初步建立起总账—分户账—表外科目—明细账和月报表—季度报表—半年报表—年度报表的账务组织报表体系。

③监测考核体系初步形成,风险防范意识逐步增强

根据国务院小额贷款专题工作组有关精神,由实施小组负责对平遥县小额贷款公司日常业务的监测检查。一是建立较为完善的监测体系,制定了小额贷款公司监测考核办法,设立了财务损益表、财务状况表以及十项考核指标。二是有效开展现场和非现场检查,要求两公司按时准确上报旬报、月报、季报以及运行分析,掌握每一笔贷款的投向,对公司业务开展的合规性进行经常性的现场检查。三是对公司运营进行及时规范和引导,适时出台了《关于对平遥县小额贷款公司业务开展有关事项的通知》《关于对平遥县小额贷款公司业务开展的指导意见》。

④引起多方高度关注

2006 年 3 月下旬,两家小额贷款公司代表参加了人民银行总行组织的"亚洲小额信贷论坛",晋源泰贷款公司董事长韩士恭在会上介绍了做法并接受了媒体采访。两家小额贷款公司组建后,中国小额信贷专家及其他省、市人员也到小额贷款公司进行考察了解。7 月,省委副书记、省长助理等分别到小额贷款公司进行考察指导。同时,也有国内外金融机构表示了极大的兴趣,国家开发银行、世界国际金融公司有关专家也进行了考察指导。

(5)小额贷款工作经验启示

平遥县小额贷款公司自成立以来的发展,优势明显,成果显著,也主要在于其市场定位准确,经营灵活,风险控制谨慎。

①定位准确

相对于农村信用社、国有商业银行等具有官办色彩的金融机构而言,小额贷款公司在公信力上有其先天的不足,但它又有独特的优势:一是产权明晰,资本构成完全为发起人自有资金。二是公司发起人在多年的生产经营活动中积累了丰厚的个人资产,为公司奠定了坚实的资金基础。三是公司发起人在多年的生产经营活动中树立了良好的信誉和较高的威望,成为小额贷款公司的无形资产。

②合理的利率定价机制

中国农村金融市场是一个近乎完全垄断的市场,垄断必然产生低效率经营,没有成本约束的动力。而这种主要由低效率所造成的高成本又以高利率的形式转嫁到农民头上。自2003年以来,农村信用社贷款利率浮动区间已经扩大到了0.9~2.3,农户在贷款过程中还要支付一些隐性支出,贷款利率水平与小额贷款公司的利率水平进一步缩小。但即使在这个利率下,如果没有特殊的“动作”“关系”或政策的明确指示,农户也是难以贷到款的。而小额贷款公司以服务“三农”、支持农业农村经济发展为宗旨,重点以从事种植业、养殖业、林果业、农副产品加工业、农村流通业、农村中介服务和其他农村社会事业的生产者和经营者为贷款对象,农民对15%~22%的市场利率定价还是可以接受的。

③能及时获得客户信息的优势

由于小额贷款公司扎根于民间,与农户有着千丝万缕的联系,他们之间的信息是对称的。相对于农信社与农户的信息不对称,具有先天的优势,就算信息不对称,其克服的成本也很低。小额贷款公司发起人均为当地土生土长的民营企业家,他们在多年的生产经营活动中建立了丰富的人脉关系,成为公司在信息获取上的优势。

④贷款方式、时间、期限灵活,手续简便

在农信社贷款,农户往往不能提供符合条件的抵押物品和有效的担保。农信社仍然沿袭“春放秋收冬不贷”的传统做法,致使供需脱节。小额贷款公司则灵活得多,农信社不能做抵押的物品,如房屋、农机具等,在双方自愿的基础上也可以成为小额贷款公司有价值的抵押物。农信社不认可的担保,小额贷款公司可以认可。在贷款审定、时限、手续上,小额贷款公司会及时告知农户能否借款,对借款农户能及时办理,节省了农户的时间,解决了农户的资金需求。

⑤风险控制谨慎

小额贷款公司作为自主经营、自负盈亏、自我约束的企业,从生存需要出发,从发展的高度认识出发,把有效规避风险和最大限度地抑制风险作为经营管理活动的重要内容:精简部门设置,保证业务活动的持续和完整;科学职务分工,杜绝交叉任职;岗位设定实现人力资源的优化配置;操作程序的编制做到了严谨、可操作;工作考核上体现公平、公正和公开。

(6)应关注的几个问题

①监管主体和法律依据

平遥县小额贷款公司目前的监管主体为实施小组,而实施小组只是一个由县政府牵头的、各相关职能部门参与的临时性机构,不具有行政权力和监管职能。小额贷款公司的性质为有限责任公司,而它经营的是“贷款”这一特殊的金融产品,可以说小额贷款公司是个非驴非马的产物。到底应由哪个部门对其实施监管、如何监管,目前尚无明确的法律依据。

小额贷款公司没有相应的政策配套是发展不起来的,应该根据试点过程中遇到的问题和困难,看看小额贷款组织有哪些迫切需要政策解决和支持的,有哪些需要指导完善的,尽快完善配套政策,这些既是政策层面,又是理论和实践层面的问题,需要三者的有机结合才能完成。

②经营的可持续化和资金的多元化

小额贷款公司要实现可持续发展,首先要坚持商业化经营原则,发挥资金价格机制的作用,实现利率定价市场化。确保公司的贷款利率能够反映贷款的风险水平,能够覆盖其经营成本。其次是解决后续资金匮乏的问题。目前,晋源泰公司增资 40 万元,资本额达 700 万元,但贷款额已达 1790.6 万元;日升隆贷款额 1919.1 万元,后续资金来源难以与投入相匹配。德国复兴银行、世界银行金融公司、国家开发银行山西省分行等机构表达了对晋源泰的投资意向,但目前尚无实质行动。还有部分民营企业同晋源泰进行了委托贷款业务洽谈,但由于委托贷款利率偏高,晋源泰不能接受。使用人民银行再贷款和邮政储蓄资金回流,目前尚无政策依据,操作难度较大。

4.4.2 四川省小额信贷公司试点情况

(1)四川省小额贷款组织创新试点工作开展情况

①四川试点工作的简要进程

四川是农业大省,为支持社会主义新农村建设,人民银行成都分行积极推进农村金融改革和创新。开始在四川探索建立更加贴近农民和农村需要、由自然人或企业发起的小额贷款组织。

2005 年 4 月,人民银行成都分行向四川省政府报送《关于在四川省部分地区开展创新农村金融服务体系试点的建议》;同年 5 月,人民银行确定四川为小额贷款组织创新试点省之一;7 月,四川省政府函复成都分行,同意在四川开展小额贷款试点,并确定广元市市中区为试点区;10 月,广元市政府成立广元试点领导小组,组织开展设立小额贷款公司的各项准备工作。经过发起人招投标、资格比选等程序,2006 年 4 月 10 日,广元市中区全力小额贷款公司(以下简称“全力公司”)挂牌成立,并在成立当日正式对外营业。公司注册资本金 500 万元。

②人民银行推动试点的工作情况

加强领导。四川试点坚持“主要依托地方人民政府牵头,充分调动有关各方积极性,人民银行提供技术支持”的原则。2005 年 10 月,人民银行成都分行成立“小额贷款组织创新试点指导小组”,由分管副行长任组长,金融稳定处、金融研究处等六个处室参加,合力推动试点工作。分行多次召开行长办公会、行务会研究小额贷款试点工作,行长、分管副行长也多次赴广元视察、指导试点,帮助各方统一思想,明确试点方向,为小额贷款公司发展营造公平的外部环境。

开展持续指导。在试点前期的招标工作、比选工作、公司发起设立筹备过程中,成都分行对试点有关文件、资料认真进行审核把关,多次派业务人员到广元进行指导,确保广元试点不偏离方向。针对小额贷款公司的业务性质,借助人民银行内联网通道,采用批量定期查询的方式,建立个人信用报告查询制度,将全力公司纳入全国统一的个人征信系统。

组织培训。在广元试点初期,人民银行成都分行试点指导小组赴广元市开展了针对广元市有关部门、乡镇长、潜在投资者等 10 多人参加的小额贷款知识培训,并分发了分行编印的《小额贷款知识手册》。在全力公司成立以后,分行 3 次组织公司管理层及业务员外出参观、参加培训,学习小额贷款理念和技术,借鉴同类机构经验,以提高经营管理水平。

加强监测。为确保全力公司经营符合试点要求,人民银行成都分行组织、构建了多层次的监测体系。在全力公司成立以后,迅速建立了月度监测报告制度,按月收集、整理公司业务经营情况,开展分析,并及时报知总行;人民银行广元市中心支行先后 3 次约见全力公司股东谈话,加强沟通,开展指导,达成共识,确保公司按试点要求开展业务;加强资本金监测,人民银行广元市中心支行代广元市小额贷款试点工作领导小组起草了《广元市小额贷款公司资本金监测管理办法》初稿,征求有关部门意见后实施。

(2)全力公司的组织架构和内部管理

①组织架构

全力公司由广元市籍的3名自然人股东发起设立,注册资本金500万元,开业时到位资本金450万元。公司构建了以董事会3人、信贷部主任1人、信贷员5人为主体的组织架构。现由3名股东之中具有银行从业经历的赵琼女士任经理。

②内部管理

一是完善内部管理制度。全力公司召开股东会讨论通过了公司章程、贷款管理办法、财务会计管理制度、财务预算管理规定等17项内部管理制度,基本建立了内部管理的制度框架。二是加强贷款风险管理。根据调查了解和查询个人征信系统,分析判断客户信用状况,提高防范风险能力,尝试利用新技术,保存客户的影音资料。在贷款产品设计上以小额度、短期限为主,既分散了贷款风险,又提高了资金流动性,贷款价格坚持收益与风险呈正相关,用较高利率覆盖风险较高的贷款。贷后通过客户回访、电话联络等方式加强对贷款的动态监测。

(3)全力公司运行基本情况

①贷款业务呈平稳上升态势

全力公司开业6个月来,坚持立足"三农"、兼顾乡镇小微企业开展业务,贷款发放平稳增长,没有出现违背试点有关原则的情况。特别是2006年6月,四川省人民政府副省长、人民银行成都分行行长到广元调研指导小额贷款试点工作以后,更加有力地推动了试点工作深化。全力公司股东进一步统一思想,增强信心,公司业务拓展力度加大。

②农户贷款占主导地位

从监测数据看,全力公司发放的贷款中,农户贷款的笔数和金额一直占60%以上,体现了公司以支持"三农"为主的服务方向,较好地支持了当地农村的经济发展。从贷款农户的地域分布看,由于广元市的主要城区在市中区,加之全力公司成立初期业务宣传力度不够,业务拓展还在逐步推进,当前获贷的主体大部分是市郊的农户。尽管城乡结合地带的许多农户已脱离了单纯的传统种养殖农业生产,但根据贷款用途分析,农户在全力公司贷款后直接用于发展种养殖业及农产品加工业的资金有138.5万元,占全力公司全部贷款余额的20.21%。

③贷款期限以三个月以内的短期贷款为主,回收及时,没有出现不良贷款

按贷款期限分类,全力公司的贷款按期限主要分为三类:三个月、半年、一年,其中以三个月居多,占贷款总额的46.68%。公司严格控制贷款风险,随时与客户保持联系,以监测贷款的使用情况。

④贷款方式以信用贷款为主

农户贷款一般具有额度小、缺乏抵押品的特点,很难获得正规金融机构的支持。小额贷款公司发挥高效、快捷的优势,向需要资金的农户发放信用贷款,较好地填补了当地农村金融的这一空白。全力公司贷款的平均利率为16.84%。在实地调查中了解到,农户认为尽管全力公司贷款利率相比农村信用社较高,但由于贷款不用请客送礼,实际贷款成本反而相对小一些,普遍表示能接受全力公司的贷款利率。

⑤服务方式灵活多样

全力公司按照商业化模式运作,主动开展贷款营销,利用当地媒体积极宣传,扩大公司影响。经过几个月的探索,已初步形成公司的经营理念——快速、简便、高效。在经营方式上,全力公司与国有商业银行、农村信用社也有很大不同,公司采取了送贷上门、整贷零还、付息灵活(按季或按月)、电话提示、上门收款等方式,更加贴近贷款户的需求。

全力公司经营中也面临一些困难,可能会影响公司的可持续发展:一是公司注册资金没有完全到位。全力公司注册资本金500万元,开业时实际到位资本金450万元。按照目前的贷款发放进度,公司可用资金将趋于紧张。全力公司个别股东对小额贷款的认识尚不全面,对公司经营资金的回报率预期过高,投入后续资金的意愿不强,可能影响下一步的业务发展。二是工作人员过多,经营费用过高。目前,全力公司有专职员工7人、兼职5人,在当前公司贷款规模较小的情况下,工作人员相对过多、经营费用过高,这是造成公司财务上持续亏损的主要原因。

4.4.3 贵州省小额信贷公司试点情况

贵州省小额信贷试点工作根据"地方政府主导,部门协同推进和引导民间资本参与"的原则积极稳妥推进。在现行的法律、政策框架下,贵州积极对小额贷款公司的管理办法进行探索,主要包括法人治理和内部

控制的要求、服务对象和产品界定、试点期间适用管理条款以及信息报告制度。

(1)法人治理和内部控制的要求

对小额信贷公司的投资人选定、市场准入、公司治理结构和风险控制等,严格按照市场化和现代企业制度的原则推行,目的是控制风险,建立商业化、可持续发展的小额信贷公司。

①通过招标选定合格投资者

投资者可以是5个以内的自然人和其他的商业机构,但银行、农村信用社以及政府扶贫开发办除外。无论是中方还是外方,还是两者合作,都可以拥有小额贷款公司的所有权。2006年3月,贵州省江口县小额贷款试点工作实施小组向国内外发布招标公告,5月召开招投标会议,评定贵州益兴宝典生物科技有限公司为第一中标候选人。

②严格市场准入

小额贷款公司是按照《公司法》注册成立的私营公司,在公司名中不能出现"银行"字样。经招投标双方协商,贵州江口华地小额贷款股份有限公司在江口县政府取得经营许可文件,并据此在江口县工商局注册,2006年8月开始营业。公司注册资金700万元,其中,贵州益兴宝生物科技有限公司占股60%,华地投资有限公司占股40%,首期注册资本金600万元,剩余注册资本金按照《公司法》规定两年内到位。公司可以自由邀请新的股东加入,或者免除原有的股东,但股东人数任何时候不能超过5人,股东的确定及其行为必须首先得到注册管理机关的批准。小额贷款公司的股东和债权人的权益按照《公司法》的规定,依法受到保护。小额贷款公司的所有者和管理层必须由有一定知名度的人士担任,不得有任何违规违法记录,并且要有金融从业经验。

③完善的法人治理结构

小额贷款公司设立股东大会、董事会、监事会和经营管理层,同时聘请了专家顾问,各自根据授权从事相关活动。小额贷款公司内设财务部、管理部、市场部、投资发展部和资源部,在组织模式上采用垂直管理模式。

④健全内部控制和风险管理体系

小额贷款公司建立管理信息控制系统,形成先进的信息管理及决策支持体系;设立贷款评估管理委员会和风险管理委员会,对贷款进行全面的评估，并对机构运行的各个环节进行风险监控、风险提示和风险管理；组成技术指导办公室，专门负责对贷款农户提供技术、市场等方面的指导，规避自然风险和市场风险。

（2）服务地域、对象与提供产品

①小额贷款公司经营地域限定在一个县之内

在小额贷款公司经营的前两个年度内，公司只限于在江口县的范围内经营。但是，考虑到县城市场容量和小额贷款公司的可持续发展，根据业务的发展状况，在满足一些基本标准的前提下，其经营范围可以逐渐向江口县的周边县扩展。标准主要指资产质量和服务农村农民方面的要求等，小额贷款公司如果要将业务扩大到其他县（江口县的周边县），必须首先实现一定的资产组合的目标，包括为农村居民提供服务的目标，以及风险贷款（拖欠30天以上的贷款）的比例要控制在一定的范围内，如第1年和第2年风险贷款率要小于3%，第3年的风险贷款率要小于4%，第4年和第5年的风险贷款率要小于5%。

②服务对象主要面向"三农"

小额贷款公司在许可的区域内主要为农户提供小额贷款，同时也可向城镇居民、个体经营者和微小企业提供金融服务。小额贷款公司在向小微企业等提供金融服务的时候，要按照许可文件上关于金融服务相关条款的规定进行，并按照规定的贷款规模限制进行发放。

③提供"只贷不存"金融服务

小额贷款公司在授权许可的范围内经营，其提供的金融服务主要是小额贷款。小额贷款公司不得以任何形式吸收公众存款，但贷款合同中所要求的风险保证金不视为存款，风险保证金必须全额存放到金融机构，其利息收入归贷款者所有。小额贷款公司对风险保证金及利息收入的返还负全责。运营一段时间、经评估合格之后，小额贷款公司可以申请经营其他的金融产品或服务。如汇款服务、非存款电子卡服务业务、中间业务、租购和资产租赁。开展这些业务必须得到负责市场准入的监管部门审批。

（3）试点期间小额贷款公司适用的管理规定

由于小额信贷在中国农村金融市场上是一项新业务，在相关正式法律文件没有出台前，小额贷款公司的市场准入、机构运营以及税收等相关内容适用于下列条款：

①许可期限

江口县小额信贷试点工作领导小组承诺，在小额贷款公司试点的前三年内，不再发放给任何其他的小额贷款公司经营许可。许可列出的条件将有5年适用期。5年之后，如果国家管理办法已出台，小额贷款公司必须在国家条例下注册。如没有，小额贷款公司可以同江口县政府谈判，延续现有的经营许可。

②资本及融资规定

对小额贷款公司的最低资本金要求是100万元人民币，资本充足率至少达到10%。小额贷款公司的资金来源包括：股东权益、第三方贷款（本地或国外的第三方）以及各种赠款。小额贷款公司可以从当地或从国（境）外借入资金，但只能来自于一方的批发资金或委托资金，并磋商有关借款的条款。

③利率和其他费用

小额贷款公司的贷款利率最高为人民银行规定的基准利率的4倍。除利息外，小额贷款公司也可以对其提供的其他金融服务收取相关费用，如贷款申请费、存折费、销售终端机交易费；对其他与金融服务相关的非金融服务，如资产租赁引起的各种服务和商业培训等，小额贷款公司也要收取一定的费用。

④抵押和贷款担保

小额贷款公司有权要求对其提供的贷款给予抵押担保，如现金抵押、房地产抵押或其他现行的抵押法所规定的固定资产等抵押品，这些抵押的资产必须是小额贷款公司能够依法取得的。在符合中华人民共和国有关保证担保的法律规定的前提下，小额贷款公司有权接受私人或法人的担保或保证。小额贷款公司可以只通过对客户现金流以及可能的偿还能力的评估进行贷款的批准和发放。小额贷款公司可提供无抵押贷款，也可以使用个人的担保或小组担保作为贷款担保。

⑤税收

小额贷款公司在试点过程中，按《中共江口县委、县人民政府关于扩大招商引资优惠政策若干规定》第四条第一款执行，即："外商投资企业经营期在5年以上的，从投产之日起，企业所得税实行免收二年减半征收三年；经营5年以下的，企业所得税实行免收二年减半二年。"个人所得税从投产之日起，按"免收一年，一年后减半征收"的优惠政策执行。

⑥违反许可条款的制裁措施

没有遵守许可条款将被视为严重过错，尤其是如果涉及小额贷款公司以任何形式吸收了公众存款，这种行为将按照中国有关法规进行惩处。第二次继续出现这种错误将被取消并终止许可。

（4）向管理部门的报告制度

小额贷款公司必须建立有效的管理体制，能够对贷款情况及经营操作上的问题进行监督和报告。这种机制主要包括每月计算一次风险贷款额和风险贷款率，重组贷款按照原来的贷款时间来算，应视为风险贷款。小额贷款公司应该建立有效的内部控制机制，具体做法可参照世界银行“扶贫协商小组”（CGAP）有关小额贷款机构内部控制的指导原则。小额贷款公司必须向江口县小额贷款试点领导小组或其指定机构递交季报，以便管理当局监管其是否遵守了有关条款。此外，每年小额贷款机构还必须上交经过审计的财务报告。在上交的季度报告里，要包括资产负债表、贷款质量报告、本季度平均利率以及客户基本信息，内容主要包括有效贷款笔数、总贷款余额、平均贷款余额、风险保证金客户数、风险保证金账户余额、贷款损失率、风险贷款拖欠率（拖欠30天以上贷款）、贷款收益、操作自负盈亏率、资产回报率、调整的资产回报率等。

江口县小额贷款试点领导小组或其授权机构对这些报告负有监管责任，以确保其符合有关规定，并对不符的地方展开调查。如果在一个季度内，该机构出现了违反条款的行为，将会收到书面警告。如果不止在一个季度内出现该问题，并在年报或者季报中有所体现，江口县小额贷款试点领导小组及其监管机构将展开现场调查。

4.5 中国农村小额信贷制度面临的挑战

中国农村小额信贷制度十余年的发展，为农村金融制度创新积累了宝贵财富。如果从小额信贷的历史发展过程来看，小规模的小额信贷实践取得了成功。而在政府介入之后，尽管其覆盖面迅速扩大，但是财务绩效大大降低。这实际上对于中国的农村小额信贷制度发展提出了新的难题。从小

额信贷的发展来看[①],中国农村小额信贷制度面临如下挑战:

第一,来自地方政府的干预,对于小额信贷的基本原则的遵守造成了影响,导致小额信贷制度的偿还率受到影响。

第二,由于缺乏明确的法律地位,小额信贷机构,特别是非政府组织的小额信贷机构,其经营的合法性受到影响,并影响到其经营的持续性。如果考虑到非正式制度的背景,政府介入后的小额信贷取得了一定的合法性,这也为小额信贷机构的不平等竞争创造了条件。

第三,农信社经营小额信贷业务,是建立在原有的财务基础上的。这样对于小额信贷的经营绩效不能不带来负面的影响。带有一定政策性业务的性质,以及经营状况的模糊性,可能对于小额信贷制度绩效的提高带来制度上的逆向激励。

第四,商业性小额信贷公司仍处于探索阶段,尽管取得了一定的成绩,但仍然面临法律地位不明确、后续资金缺乏、监管主体模糊等一系列问题,商业性小额信贷仍需艰难的探索。

① 小额信贷计划在各个阶段的经验教训以及不足,在前述部分已经展开了分析。因此,对于小额信贷发展挑战的分析是宏观的,也是较为粗略的。

第 5 章 小额信贷机制的约束因素

小额信贷制度在全球范围的成功,在于它面向穷人发放贷款,并且保持了极高的偿还率,而这在商业性银行机构根本是不可能做到的。对于小额信贷机制的设计,理论界主要关注了借款人之间的相互作用在解决逆向选择与道德风险方面的优势。然而,在实践中,由于利率管制、人力资本状况以及民间金融发展等因素的影响,小额信贷机制的绩效难免会受到影响。突出地表现为上述因素对于团体贷款偿还率的作用。本章在扩展的逆向选择与道德风险模型中,分析了利率、贷款额、生产能力、外部信贷对团体贷款偿还率的影响。

5.1 小额信贷机制中影响偿还率的因素

理论上对于小额信贷制度绩效大多解释为运行机制的独特性。一般而言,这些机制包括团体贷款、动态激励、分期偿还制度以及担保替代。在各种运行机制中,哪一种是更为基本的制度?迄今尚无一致性结论。但是,孟加拉国格莱敏银行奉行的传统的团体贷款模式可能是最具传奇色彩的,也是有关文献关注最多的一种运行机制。从小额信贷发展的实践来看,团体贷款是应用时间最长、影响范围最广的机制。而在中国的小额信贷实践中,团体贷款也是最为根本性的运行机制之一。

团体贷款的具体做法是,通过组成信贷小组,成员共担违约的责任,来解决借款人由于缺乏物质担保(physical collateral)而告贷无门的问题。在这里,信贷小组成员对贷款负有连带责任。具有共同的社会习俗、居住地接近等特征,成为以社会资本替代物质资本的基础。

对于团体贷款机制的理论研究中,大多在个人责任与连带责任的比较中，对于连带责任带来的高偿还率给出了理论证明。进一步而言，连带责任贷款机制，解决了贷款合同制度过程中的逆向选择、道德风险、监督以及执行限制问题，从而保证了较高的偿还率。如 Stiglitz（1990）证明了连带责任贷款可以解决道德风险问题。而 Gratak（1999）则证明，通过连带责任合同，借款人的逆向选择问题可以被克服。

上述文献对于团体贷款的理论解释，对团体贷款在实践中的独特优势给出了重要的意见。然而，模型的分析却回避了这样的现实：团体贷款的作用效果在全球范围内存在较大差异，许多以格莱敏银行传统模式为样本的小额信贷实践，偿还率差异较大。同时，不应回避的另一个实践是，从 2001 年开始，第二代乡村银行模式已经转向个人责任贷款。这构成了我们重新审视团体贷款机制绩效的重要理由。

如果回顾有关团体贷款理论模型，我们会发现，出于简化分析的需要，现有模型分析抽象掉了很多影响偿还率的因素。这些因素包括贷款利率、额度、借款人的生产能力以及外来信贷选择等，然而，这些因素却在现实的小额信贷实践中发挥着重要作用。

利率是小额信贷中被重视的一个因素。由于告贷无门的背景，以及高利贷太高的利率，加之金融抑制理论的影响，利率自由化或者说提高利率被作为许多发展中国家农村地区解决资金问题的前提。在实践中，格莱敏银行高达 20% 的贷款利率为提高利率提供了合理性的解释。由于小额信贷的高经营成本，又为高利率提供了另一种正当的理由。而从资金需求的一般规律，以及投资活动的常识均可以得知，高利率必然给借款人带来较大的负担。从而，在理论上存在降低还款率的可能。

在面临金融抑制状况的发展中国家，农村资金约束导致了普遍性的资金短缺。贷款额度向来是小额信贷中最为重要的要素。贷款额度往往与特定的消费信贷需求或投资项目对应，成为信贷需求满足程度的主要因素。我们试图关注，贷款额度的变化对于现实的资金需求满足的同时，对贷款偿还率造成了什么样的影响。

生产能力往往是贷款合同中的一个外生因素。然而，不容忽视的是，金融经济与实体经济是互动的。生产能力是可能导致偿还能力增强的重要保障。我们如果关注生产信贷问题，则生产能力的高低直接影响了借款人的营利能力，从而是贷款偿还是否有资金保障的重要因素。

最后，我们不得不关注外来信贷选择的影响。在小额信贷组织之外，能为贫困的借款人提供信贷支撑的，还包括高利贷、其他形式的政府信贷以及亲情借贷等渠道。这些选择渠道对应的成本，成为小额信贷的机会成本。如果有更多的其他选择，而且机会成本很低，很有可能导致小额信贷的退社风潮以及偿还率的下降。

这里，我们将沿着 Christian Ahlin & Rotert Townsend (2002) 的研究思路，在扩展的逆向选择与道德风险模型中分析上述因素对于团体贷款偿还率的影响。这种分析，进一步将联合责任贷款置入更加现实的经济环境中来综合考虑影响偿还率的重要因素。同时，这种分析还可以对农业产业化发展、利率市场化改革、民间金融治理等政策的溢出效应进行解释，从而为中国小额信贷的健康成长创造条件。

5.2 偿还率的影响因素：扩展的逆向选择模型

5.2.1 基本模型

由 Ghatak(1999) 的研究，我们假定借款人的类型服从连续分布。每个借款人对应一个外生给定的项目。项目以概率 P 产出 $Y(P)$，其他情况下产出为0。假定 $PY(P)=E, \forall P \in [\underline{P},1]$，这样，我们仅关注代理人拥有相同期望收益的情况。借款人项目成功的概率 P 越高，其风险越低。这里我们有概率密度函数 $g(P)>0, P \in [\underline{P},1], \underline{P} \in (0,1)$ 。同时我们假定借款人是风险中性的。

如果放款人通过连带责任合同向借款人提供1个单位的资本。为分析方便，我们仅考虑两人小组的情况。每个借款人可以自由选择搭档，并且，借款人的类型可以相互无成本的观察到。而放款人既不能观察到借款人的类型，也不能观察到产出。放款人仅能知道某个最低产量存在与否，即每个项目是成功还是失败。这样，放款人将合同建立在成功或失败的二重结果上。进一步的，有限责任约束阻止了放款人向投资失败的借款人收取任何支付。我们定义 r 为利息，q 为连带责任支付，连带责任支付即借款人成功而其搭档失败时额外应支付的金额。于是，一个 P 类型的借款人，与一个 P' 类型的借款人配对，其线性期望支付为

$$E - Pr - P(1 - P')q \tag{1}$$

式中,E 为期望产出,Pr 为借款人成功其搭档也成功时的支付, $P(1 - P')q$ 为借款人成功而其搭档失败状况下的连带责任支付。显而易见,该期望支付随 P′的递增而递增,从而所有的借款人偏好与更安全的借款人的配对。关键之处在于,P 越大,期望支付随 P'增长得越快。

利用这一洞见,Ghatak 证明了同类型配对将是唯一的均衡。首先,由于没有人试图偏离这一结果,从而构成了均衡。考虑一个 P 类型借款人与另一个 P 类型借款人配对形成信贷小组 1,而信贷小组 2 则由两个 P'类型借款人组成。假定 $P' > P$,即 P 类型借款人试图引诱小组 2 中的 P'类型借款人配对,则 P 类型与 P'类型配对,而不是与 P 类型借款人配对,将带来的收益增加值为

$$[E - Pr - P(1 - P')q] - [E - Pr - P(1 - P)q] = P(P' - P)q \tag{2}$$

然而,P'类型的借款人若与 P 类型配对,而不与 P'类型配对,将会遭受期望收益的损失,其值为

$$[E - P'r - P'(1 - P')q] - [E - P'r - P'(1 - P)q] = P'(P' - P)q \tag{3}$$

由于从式(2)、式(3)可知, $P'(P' - P)q > P'(1 - P)q$,即安全型借款人的损失大于危险型借款人的收益,从而不会有交易发生。

其次,均衡的唯一性还在于,在任何均衡状态下,同类小组只有一个。假设存在符合这种情况下的均衡,存在某个(P,P')组合,$P' > P$。但是,通过与上述类似的推理,这不是一个均衡。至少 P'类型的借款人会发现,最好还是放弃 P 类型搭档,而去寻找与自己类型相同的借款人组合。而留在小组中的搭档却提供不了足够的富有吸引力的收益来挽留他。

同类型配对意味着,借款人在均衡状态下的支付修正为

$$E - Pr - P(1 - P)q \tag{4}$$

注意,设支付对 P 的导数为 $-[r + q(1 - 2p)]$,只要

$$q \leqslant r \tag{5}$$

这一导数值对 $P \in [\underset{\text{-}}{P},1]$ 严格为负。这样,借款人的类型越安全,他从借款以及项目推行中得到的期望支付越低。

借款人选择是:要么利用借入资本进行生产,要么仅用劳力来投入生产。假设在前一种选择下,项目需要 1 单位的资本与 1 单位的劳动。而在后

一种情况下，借款人拥有1单位劳动，可以自己使用，产出为$\underline{U}$。资本仅能从放款人处取得，该放款人提供“要么接受，要么走人”的贷款合同。假定借款人的资金成本以及机会成本为$\underline{U}$，不超过借款人项目的期望产出。因此，向所有借款人放款是社会最优的。因为当与借入资本相结合时，借款人单位劳动创造的期望支付，大于该劳动与资本的选择性用途。模型不考虑外部选择是否是同一职业，但强调没有借入资本进行生产，或者说仅是工资型劳动。同样，由于外在的机会成本为$\underline{U}$，借款人选择借入资金，当且仅当

$$E - Pr - P(1 - P)q > \underline{U} \tag{6}$$

鉴于借款人的期望支付随P的增加而下降，从而存在一个最小的边界类型$\hat{P}$，使得$P > \hat{P}$类型借款人不会选择借款，而其他类型会选择借款。假定$\hat{P}$为内点，即$\hat{P} \in (\underline{P},1)$，由此，$\hat{P}$满足

$$E - \hat{P}r - \hat{P}(1 - \hat{P})q = \underline{U} \tag{7}$$

可以证明，将q增加到稍微大于0，$\hat{P}r$降低到贷款人维持零利润的水平，增加$\hat{P}$将吸引更多借款人。我们将$q > 0$视为既定，分析模型中的期望偿还率问题。

$\hat{P}$缩小了团体获得贷款支持的范围$[\underline{P},\hat{P}]$，从而P的分布为$g(p)/G(\hat{P})$。设观察到的偿还率可能性$R \in \{0,1\}$在既定下的$\hat{P}$为

$$\int_{\underline{P}}^{\hat{P}} P^R (1 - P)^{1-R} \frac{g(P)}{G(\hat{P})} \mathrm{d}P \tag{8}$$

定义$\tilde{P}$为$(P|P \leqslant \hat{P})$，或者等价地说

$$\tilde{P} \equiv \int_{\underline{P}}^{\hat{P}} P \frac{g(P)}{G(\hat{P})} \mathrm{d}P \tag{9}$$

于是，我们将偿还结果可能性用$\tilde{P}$改写为

$$\tilde{P}^R (1 - \tilde{P})^{1-R} \tag{10}$$

这意味着我们需要的理论结果将是，把$\partial \tilde{P}/\partial r$作为找寻小组期望偿还率随变量$r$变动的公式。从这一定义，由于$g(P)$被假定为严格正，显然$\tilde{P}$随$\hat{P}$而单调递增，而且严格递增。进一步的，$\tilde{P}$仅依赖于$\hat{P}$与$g$。因此，要分

析变量 r 对期望偿还率的效果 $\partial \tilde{P}/\partial r$，只要 r 与 g 无关，找到 $\partial\hat{P}/\partial r$，即可确信为 $\partial \tilde{P}/\partial r$ 具有相同的符号。

5.2.2 利率与偿还率

对式(7)全微分，可得微分 $\partial\hat{P}/\partial r$，$\partial\hat{P}/\partial r$ 皆为负。这意味着贷款利率 r 越高，以及连带责任额 q 越大，小组的边界类型 $\hat{P}$ 越小，从而期望偿还率越低。我们有命题1。

命题1：贷款利率 r 越高，小组的期望偿还率越低。

证明：对式(7)全微分，并整理，可以得到如下偏导数：

$$\frac{\partial\hat{P}}{\partial r}=\frac{-\hat{P}}{r+q(1-2\hat{P})} \tag{11}$$

当 $q\leqslant r,\hat{P}\in[\underline{P},1]$ 时，有 $\partial\hat{P}/\partial r<0$。命题得证。

命题1的直觉是，较高的利率r以及较大的连带责任 q，降低了相对于外部选择的借款支付。因此，较为安全的借款人被挤出。在同样风险状态的小组中，提高贷款利率会加大小组成员的负担。在另一种程度上，这相当于增加了该小组的风险。这样无疑会导致小组的期望偿还率降低。

5.2.3 贷款额度与偿还率

假定产出函数为

$$Y(P,L)=Y(P,1)F(L) \tag{12}$$

式(12)表明，产出是风险程度 P 与贷款规模 L 的函数。$Y(P,1)$ 表示1单位资本的产出，$F(L)$ 表示取得贷款 L 的分布函数，这里 $F(1)$ 被标准化为1。进一步设

$$E(P)\equiv PY(P,1)$$

于是，期望产出满足

$$PY(P,L)=PY(P,1)F(L)=E(P)F(L)=EF(L) \tag{13}$$

不失一般性，设 F 为严格递增的凹函数，且有 $\lim\limits_{L\to\infty}F'(L)=0,\lim\limits_{L\to 0}F'(L)=\infty$。此外，利息以及联合责任支付假定为与 L 成比例，即分别有 rL 与 qL。于是，借款人的支付变为

$$EF(L) - PrL - P(1 - P)qL \tag{14}$$

利用修正的支付函数,新的无差异方程定义了边界类型 $\hat{P}$,变为

$$EF(L) - \hat{P}rL - \hat{P}(1 - \hat{P})qL = \underline{U} \tag{15}$$

将贷款额度纳入模型,使小组关于借入资金有了自己的偏好。为了看清这一点。最大化式(14)的贷款规模,必须满足

$$EF'(L) - Pr - P(1 - P)q = 0 \tag{16}$$

由于凹性及 F 满足伊纳德条件,显然,存在 L 唯一的最优内解 L^* ,被式(17)确定

$$L^*(P,q,r,E) = F^{-1}((Pr + P(1 - P)q)/E) \tag{17}$$

可以很直观地看出, L^* 随着 P 严格递减,即安全的贷款小组偏好较小的贷款额度。

更为现实的假设是,贷款人针对每一借款人设置利率,以及最大的信贷额度。当然,借款人可以自主决定借款额,即可以决定是否借到最大额度或者任意较小的额度。这一机制意味着,观察到的借款额将是借款人最偏好贷款额中的最小量,以及对特定借款人的最大量。我们继续假定,放款人提供的贷款在不同组间的波动外生被确定。令 $h(L)$ 为贷款额的密度函数, $H(L)$ 为相应的分布方程。假定 $H(L)$ 独立于 $G(P)$,这与假定中放款人不能观察到风险类型一致。

在观察一个额度为 L 的贷款时,我们猜测类型 P 的状况。注意,在我们观察 L 时,必有小组类型 $P \in [\underline{P},\hat{P}]$,这一假设来源于标准的选择式(15)。从该式我们知道,任意 $P > \hat{P}$ 将对应着支付小于 $\underline{U}$ 的借款。然而,这同样必须满足

$$EF'(L) - Pr - P(1 - P)q \geqslant 0 \tag{18}$$

第二个事实来源于借款人可以去借小于放款人提供的贷款额度。这意味着,借款人将从来不会借到大于最优量的贷款而告终,它给了对于支付的导数为负的特点。我们定义 $\bar{\underline{P}}$ 为最优贷款为 L 的类型,或者,换句话说

$$EF'(L) - \bar{\underline{P}}r - \bar{\underline{P}}(1 - \bar{\underline{P}})q = 0 \tag{19}$$

这等价于 $L^*(\bar{\underline{P}}) = L$ 。现在既然式(18)左边的系数为负,并且随 P 递减,我们必然有 $P \in [\underline{P},\bar{\underline{P}}]$ 。将此与前述证论结合,有 $P \in [P,\min(\underline{P},\bar{\underline{P}})]$ 。

这表明，完全一般的单调性结果不可得。由于 $\hat{P}$ 与 $\underline{\bar{P}}$ 可能随 L 沿不同方向变化，这取决于 L 的大小，以及 G 与 H 的分布。然而，在特定假设条件下，结果是可得的。特别是，我们将发现 $\hat{P} < \underline{\bar{P}}$ 的条件，或者相反，并且由此继续展开分析。

将 $\underline{U}$ 展开并改写为

$$\underline{U} = E \times F(0) + X \tag{20}$$

这里，如果 $X = 0$，那么 $\underline{U}$ 将恰好等于 $L=0$ 时式（14）的支付。如果 $X > 0$，则 $\underline{U}$ 大于 $L=0$ 时的借款支付。对 X 的解释是借款的固定成本，它是贷款额 $L\to 0$ 的支付与外部选择支付之间的关键点。如果外部选择对应于一个不同的职业，那么，X 是该职业相对无资本而借款的职业支付的余额。

注意，如果式（20）中 $X=0$，任何人都需要借款。F 上的伊纳德条件推出，当 $L=0$ 时，支付将在 L 点严格逆增。由于 $L=0$ 时的支付等于 $X=0$ 时的外在选择，任何人将在得到一笔小额贷款中，较外部选择改善。

我们从确定 $\hat{P}$ 与 $\underline{\bar{P}}$ 的大小关系开始。回答这一问题的一种方式是确定式（21）的符号

$$EF(L) - \underline{\bar{P}}rL - \underline{\bar{P}}(1 - \underline{\bar{P}})qL - \underline{U} \tag{21}$$

该式为 $P = \underline{\bar{P}}$ 时，借款人支付与外在选择的差额。如果该式为负，则外部选择优于借款，这意味着 $\underline{\bar{P}} \notin [\underline{P}, \hat{P}]$，因此有 $\hat{P} < \underline{\bar{P}}$；如果该式为正，相反的结果成立。将式（19）、式（20）代入式（21），式（21）可以被改写为

$$EF(L) - EF'(L)L - EF(0) - X \tag{22}$$

只要 $F(L) - F(0) - LF'(L) < X/E$，该式为负。我们定义

$$\Gamma(L) \equiv F(L) - F(0) - LF'(L) \tag{23}$$

对任意 $L > 0$，式（23）对 L 求导，有 $\Gamma'(L) = -LF''(L)$，该式严格为正。既然 Γ 严格递增，则它可逆。那么，式（22）为负的条件被简化为

$$L < \Gamma^{-1}(X/E) \tag{24}$$

这一假设保证了 $\hat{P} < \underline{\bar{P}}$。由于 F 函数的特征，以及 Γ^{-1} 递增，这一点在 X 相对借款足够大时成立。直觉是，较低的贷款额 L 意味着一个相对安全的借款人被发现，L 最优——由于 $L^*(P)$ 随 P 递减，于是 $\underline{\bar{P}}$ 高；低的贷款 L 同样意味着借款支付没有外部选择支付高，只有高风险型发现它高于外部支

付,因此 $\hat{P}$ 较低。L 高时,相反的情形发生,因为 $\hat{P}$ 并不随 L 单调变化。

同时,注意 $\lim\limits_{L \to 0^{+0}} \Gamma(L) = 0$,由此,

$$\lim_{X \to 0^{+0}} \Gamma^{-1}(X/E) = 0 \tag{25}$$

或者,换句话说,当 X 为0或小于0时,没有正的贷款额度可以满足假设式(24)。因为所有的人愿意借入一定金额,所以信贷配给仅发生在较为宽泛的边际区间。然而,如果 $X>0$,贷款额度中存在间隔且满足式(23)。

假设式(23)同样保证了每个借款人——处于 $[\underline{P},\hat{P}]$ 之间,取得了小于其最优的贷款量。换句话说,它们是受信贷约束的。这一点很显然,因为 L 对 $\underline{\bar{P}}$ 类型最优,从而大于 L 的贷款额,对于所有小于 $\underline{\bar{P}}$ 的类型最优——包括那些处于 $[\underline{P},\hat{P}]$ 的类型。由于每个人都受假设约束,较大的信贷额度意味着较高的支付,并且安全型借款人被吸引出来。

命题2:贷款额度高的小组,期望偿还率高。

证明:对式(15)全微式,得到导数

$$\frac{\partial \hat{P}}{\partial L} = \frac{EF'(L) - \hat{P}r - \hat{P}(1 - \hat{P})q}{r + q(1 - 2\hat{P})} \tag{26}$$

由于 $q \leqslant r$,分母严格为正。而分子同样严格为正,论证如下。注意 $L^*(\underline{\bar{P}}) = L$, 以及 $\hat{P} < \underline{\bar{P}}$,由 $L < T^{-1}(X/E)$,导致 $L^*(\hat{P}) > L$。这是因为,在 F 严格递增、凹性等假设下,如果 $L^*(\hat{P}) > L$,那么,支付式(15)在 $\hat{P}$ 点对 L 的导数必然大于0,即

$$EF'(L) - \hat{P}r - \hat{P}(1 - \hat{P})q > 0 \tag{27}$$

这样,分子、分母均为正,从而 $\partial\hat{P}/\partial L > 0$ 。

命题得证。

命题2的直觉是,通过增大贷款额度,相当于放宽了贷款条件,将原本风险程度比较低的借款人,从其他贷款人处竞争过来。从另一个角度,如果增加了贷款额度,相对于原有的风险程度,小组的风险相对降低了。这样,相对而言,增加了偿还的概率。

5.2.4 借款人的生产能力与偿还率

借款人生产能力的效果可以通过引入一个额外的生产要素 H 来进行分

析，这可以被解释为借款人的人力资本或土地。我们采用分离性假设。这使我们可以将 Y 分解为三个要素之积：即概率 P、生产能力 H 以及借款额 L。

$$Y(P,L,H)=Y(P,1,1)F(L)G(H) \tag{28}$$

这里，$G(H)$ 表示生产能力的分布函数，$F(1)$ 与 $G(1)$ 被标准化为 1。由于假定借贷小组的贷款额不变，我们将其固定为 1。进一步假设

$$E(P)\equiv PY(P,1,1) \tag{29}$$

则期望产出满足

$$PY(P,1,H)=PY(P,1,1)F(1)G(H)=E(P)G(H)=EG(H) \tag{30}$$

式中，$PY(P,1,H)=PY(P,1,1)F(1)G(H)$ 等式由式(28)得出，$PY(P,1,1)F(1)G(H)=E(P)G(H)$ 利用了 $E(P)$ 的定义以及 $F(1)$ 的标准化，而最后一项等式则源于假设式 $PY(P)=E, \forall P\in[\underline{P},1]$。借款人的支付为

$$EG(H)-[Pr+P(1-P)q] \tag{31}$$

我们将支付式(31)与外部支付比较

$$\underline{U}=EF(0)G(1)+X \tag{32}$$

只要借款的固定成本不随生产能力 H 而变动。另一方面，如果固定成本随着 H 而变动，或者说 X 不是固定成本，而是介于不借款与在零资本下借款之间的分界点，则 $\underline{U}(H)$ 将会以其他形式出现。另一个更一般的情形是

$$U(H)=EF(0)G(H)+XG(H)=G(H)\underline{U} \tag{33}$$

显然，较远于第一种情形，第二种情形，包括外在选择成本被生产能力提升到更高的状况。

在上述任一种情况下，利用修正的支付式(31)，新的无差异方程定义了分界类型 $\hat{P}$。

$$EG(H)-\hat{P}r-\hat{P}(1-\hat{P})q=\underline{U}(H) \tag{34}$$

式(34)对 $\hat{P}$ 与 H 全微分，可得

命题 3：生产能力越高的小组，期望偿还率越高。

证明：在假设式(29)下，对选择方程式(34)全微分，可得导数

$$\frac{\partial\hat{P}}{\partial H}=\frac{G'(H)E[F(1)-F(0)]}{r+q(1-2\hat{P})} \tag{35}$$

由已知，$F(1)$ 被标准化为 1。同时，在假设 $q\leqslant r$ 下，分母严格为正。分子同样严格为正，因为 F 与 G 被假定为严格增函数。于是，有 $\partial\hat{p}/\partial H>0$。

在假设式(30)下,对选择方程式(34)全微分,可得导数

$$\frac{\partial \hat{P}}{\partial H} = \frac{G'(H)[E - \underline{U}]}{r + q(1 - 2\hat{P})} \tag{36}$$

式(36)中,分母严格为正,由于 $q \leqslant r$ 。分子同样为正,得 $G'(H) > 0$ 以及 $E > \underline{U}$ 。即假设 G 为严格增函数,以及借款人的期望产出(其借款利率支付总额不随 P 变化)超过了外部支付。于是有 $\partial\hat{p}/\partial H > 0$ 。

命题得证。

借款人生产能力的提高增加了期望偿还率。直觉是,增加生产能力促使借款以及外在选择都更有吸引力。在式(35)、式(36)下,外部净支付被 $G(H)$ 放大的是借款的利率支付总额,而净借款支付被另一个大于 $G(H)$ 的因素放大。于是,在较强的生产能力下,借款变得相对更有吸引力,更安全型的借款人被引入。当然,如果生产能力使外部支付较之于借款支付放大得更厉害,则命题3的结论将会很容易被推翻。

5.2.5 外部选择与偿还率

外部信贷选择对偿还率的效果严格依赖于信贷的可得性如何影响每种选择。如果 $\underline{U}$ 被假定为工资劳动者的支付,则可以令人信服地假定,另一个放款人的存在不会影响 $\underline{U}$ 。然而,如果借款人受到来自最初放款人的信贷约束,另一个放款人确实放大了来自初始放款人借款的支付。这样,外部信贷的可得性会潜在地增加借款支付,引入更安全的借款人,导致一种放款人之间的外部性。

另外,考虑这样一种情况:两种支付都对一种选择做出反应,但是一种要求支付固定成本,并要使用一定资本;然而,另一种不使用资本。在这种情况下,额外资金的消化会使外部支付更高,如果产出数量显示了对资本递减的收入。当然,假定借款人已经决定不选择初始放款人,他是否会考虑第二个放款人将取决于固定成本,以及第二个放款人放款的分布。如果固定成本较低,不受到信贷约束的借款人将会拒绝额外的资金,那些尚未借款者会更多受到影响。这样,外部支付会增加,更安全的借款人会放弃借款机会。

显然易见,每一种可能性都会存在。我们集中于外部支付的较为简单

的解释。假定外部支付对工资劳动者做出反应，例如，特别是没有被额外的信贷来源改变，即额外的资金来源并不影响 $\underline{U}$ 。为简便起见，我们同样假定，同样的信贷条件对第二个放款人也成立，且每一个借款人有机会得到正的借贷额，即第二个放款人提供与初始放款人同样的条件，且每种类型借款人都有正的机会获得借款 $L > 0$ 。最后，我们假定，第二放款人的存在并不改变初始放款人无条件的贷款提供分布。初始放款人首先会被考虑到，而第二个放款人仅针对未被第一个放款人满足的贷款需求。

命题 4：有外部信贷选择的小组，期望还款率较高。这一命题在 $L < T^{-1}(X/E)$ 下严格成立。

证明：首先考虑 $L < T^{-1}(X/E)$ 的逆命题成立的情况。在这种情况下，考虑当仅有一个放款人时，L 告诉我们借款小组必定是类型 $P \leqslant \underline{\bar{P}}$ 。这样，$E(P|P \leqslant \underline{\bar{P}})$ 是考虑 L 条件时 P 的最佳猜测。这样，$E(P|P \leqslant \underline{\bar{P}})$ 的表达式不变。同样的贷款提供与类型组合会让我们观察到一个大于 L 的额度与 $\underline{\bar{P}}$ 类型，或者，一个额度 L 与大于 $\underline{\bar{P}}$ 的类型。当然在后一种情况下，会提供更多资金，但这不会影响偿还率。

在假设 $L \geqslant \Gamma^{-1}(X/E)$ 成立的条件下，设有外部机会，我们会确切知道 $P < \hat{P}$ ，以及借款受约束的每种类型。然而，如果存在外部选择，更多的借款人会被引入。为了看明白这一点，首先注意，如果固定成本足够低，我们观察的每一个借款人会申请外部资金，每种类型申请其中的一部分资金。现在定义 $\hat{P}' = \hat{P}(\min\{L + L', [L + \Gamma^{-1}(X/E)]/2\})$ ，显然，$\hat{P}' > P$ 。因此，如果存在第二个放款人，我们知道，不但那些 $P < \hat{P}$ 的类型会借款，$P \in [\hat{P}, \hat{P}']$ 类型中的一部分同样会借款。后一部分的借款人如果得到 L，将不会借款。他们会得到不小于 L' 的额外资金提供，这使得他们希望从两个放款人中间借款。显而易见，期望还款率将会严格大于 $E(P|P \leqslant \underline{\bar{P}})$ 。等于不存在第二个放款人的情形，因为额外的借款人有 $P > \hat{P}$ 。

存在第二个放款人增加了期望还款率。它导致了这一状况，即资金更有吸引力，并且引入了更安全的借款人。这意味着，存在一种正向的力量，放松小额信贷的约束，引入更安全的借款人。

5.3 偿还率的影响因素:扩展的道德风险模型

5.3.1 基本模型

Stiglitz(1990)模型表明了在缺乏担保品——因而仅存在有限责任约束的贷款中,联合责任贷款如何化解道德风险问题。在该模型中,当项目选择得可观察时,借款人有选择高风险项目的激励,因为这将减小利率支付期望。借款人愿意促进搭档选择一个安全项目,联合责任贷款通过这一作用机制增加了小组选择安全项目的激励。尽管较之于个人责任下可以被观察到的情况,联合责任合同导致了支付的更大波动。Stiglitz 证明了其主要结论:这一效应是二阶的,并且联合责任在某种程度上可以增加福利①。

假定对一群缺乏资本的借款人而言,仅有一个信贷来源,或者说放款人可以约束借款人远离其他来源。放款人向借款人提供合同包括:可贷的资本量 $L, L>0$;利率 $r, r>0$;以及联合责任支付 $q, q>0$。这里,我们视 r, L, q 为既定。

信贷小组中包括两个借款人。每人可以选择一个风险型技术,以概率 P_R 产出 $Y(P_R,L)$;或一个安全型技术,以概率 P_s 产出 $Y(P_s,L)$。式中,P_s 与 P_R 为参数,$0 < P_R < P_S < 1$。利用任何类型技术投资不成功,产出均为 0。假定

$$P_S Y(P_S,L) > P_R Y(P_R,L) \tag{37}$$

且 Y 为严格递增的凹函数,关于 L 二次连续可微。这样,安全型项目具有较高的期望收入,且为风险中性的放款人所偏好。

在分析偿还率的影响因素时还需要下述假定

$$P_S(1-P_S) \geqslant P_R(1-P_R) \tag{38}$$

这确保了较之于风险型项目,安全型项目往往会包括相反的借款人结果。

借款人投资失败时偿还额为 0,成功时偿还额为 rL,当自己成功而搭档失败时,额外的支付为 qL。令 U 为消费效用,并假定严格递增。记 $U(0)=0$,

① Christmas Ahoin & Rotert Tounsend (2002) 对此进行了详细论述,本章节借鉴了其研究方法。

我们对 U 作如下标准假设：U 为严格凹函数，且二次连续可微。借款人选择技术 i 而其同伴选择技术 j 的期望效用，定义为 V_{ij}，可以被写为式(39)

$$V_{ij} = P_iP_jU(Y(P_i,L) - rL) + P_i(1 - P_j)U(Y(P_i,L) - rL - qL) - U(L),\quad i,j \in \{R,S\} \tag{39}$$

式中，第一项表示两个借款人均投资成功时的期望支付；第二项表示借款人 i 成功而借款人 j 失败时的期望支付；第三项表示努力成本，记为 L 的函数，该项与此处的讨论不相关，因为它不随项目风险而变动。

两个借款人之间可以形成一个关于项目选择的有约束力的协议，这就成为化解道德风险问题的关键。我们将注意力限制在对称选择的情况；一对借款人将选择安全项目，当且仅当这对他们之中任何一个带来更高的期望效用，选择风险型项目的情况与之相反。借款人在安全型与风险型项目选择中无差异的曲线，被称为"转换线"。沿转换线，必有 $V_{SS} = V_{RR}$。同样的有

$$P_S^2U(Y(P_SL) - rL) + P_S(1 - P_S)U(Y(P_S,L) - rL - qL) = P_R^2U(Y(P_R,L) - rL) + P_R(1 - P_R)U(Y(P_R,L) - rL - qL) \tag{40}$$

这一表述式是 Stigltz 模型中理解偿还率决定因素的关键。如果合同条件、技术与效用参数以及环境假设，导致式(40)的左边小于右边，则选择风险型项目，并且偿还率为 P_R；如果相反的情形成立，偿还率为 P_S，则选择安全型项目。

如果式(40)成立，产出函数 $Y(P,L)$ 有下述引理1。

引理1：对于满足式(40)的任意 L，必定有 $Y(P_R,L) > Y(P_S,L)$，即风险型产出要大于安全型产出。

证明：我们将证明，如果 $Y(P_S,L) \geqslant Y(P_R,L)$，式(40)不会成立，为方便起见，令 $Y = Y(P_R,L)$。注意到，如果 $Y(P_S,L) \geqslant Y(P_R,L)$，且 U 为增函数，必有

$$P_S^2U(Y(P_S,L) - rL) + P_S(1 - P_S)U(Y(P_S,L) - rL - qL) \geqslant P_S^2U(Y - rL) + P_S(1 - P_S)U(Y - rL - qL) \tag{41}$$

不等式的左边正是 V_{SS}。利用此以及式(40)，有

$$V_{SS} - V_{RR} \geqslant (P_S^2 - P_R^2)U(Y - rL) + [P_S(1 - P_S) - P_R(1 - P_R)]U(Y - rL - qL) \tag{42}$$

或者，重新安排为

$$V_{SS}-V_{RR}\geqslant(P_S^2-P_R^2)[U(Y-rL)-U(Y-rL-qL)]+(P_S-P_R)U(Y-rL-qL)>0 \quad (43)$$

由于 $P_S>P_R$,以及 U 为严格增函数,有式(43)大于0。于是,$Y(P_S,L)\geqslant Y(P_R,L)$ 意味着 $V_{SS}-V_{RR}>0$,即式(40)不成立。从而必定有 $Y(P_R,L)>Y(P_S,L)$ 。

进一步假定,至少在 $q=0$ 点上,较之于安全型项目,风险型项目的期望支付随贷款额增长得更快。

$$\frac{\partial[P_SU(Y(P_S,L)-rL)]}{\partial L}<\frac{\partial[P_RU(Y(P_R,L)-rL)]}{\partial L} \quad (44)$$

这一假定保证了 r 与 L 沿转换线变化方向相反。它同样保证了,如果 (L,r) 落到了转换线右边,该组会选择风险型项目,否则会选择安全型项目。

5.3.2 利率、借款额与偿还率

考虑一个小组 g ,合同约定的借款额为 Lg ,利率为 rg ,连带责任支付为 qy 。如果 Pg 为小组 g 的偿还概率,则

$$P_g(r_g,L_g,q_g)=P_R+(P_S-P_R)1\{V_{SS}(r_g,L_g,q_g)\geqslant V_{RR}(r_g,L_g,q_g)\} \quad (45)$$

式中 $1\{\cdot\}$ 表示参数方程。等于说,转换线左边的小组选择安全项目,而转换线右边的选择风险型项目。

命题5:对一个足够小的连带责任额 q ,利率 r 与借款额 L 较高的小组,偿还率较低。

证明:令 $V_{kk},r=$

$$-P_k^2LU'(Y(P_k,L)-rL)-P_k(1-P_k)LU'(Y(P_k,L)-rL-q) \quad (46)$$

式中, $k\in\{R,S\}$ 。令 q 趋于0,这一表达式转换为

$$-P_KL[U'(Y(P_K,L)-rL)] \quad (47)$$

由于 U 连续可微,我们有

$$V_{RR},r-V_{SS},r\ \ q\to 0=L\{P_SU'(Y(P_S,L)-rL)-P_RU'(Y(P_R,L)-rL)\}>0 \quad (48)$$

该不等式成立,由于:① $P_S>P_R$;②由引理1, $Y(P_S,L)<Y(P_R,L)$;③由假设 U 为严格凹函数,以及连续可微, $V_{RR},r-V_{SS},r$ 同样当 q 足够小时,

严格为正。将此用于等式(45),显然由分界点 r ,当 $r_g \leqslant r$ 时,选择安全项目, $P_i = P_S$;当 $r_g > r$ 时,选择风险型项目, $P_i = P_R$ 。

现在,令 $V_{kk},L =$

$$- P_k^2 \partial U(Y(P_k,L) - rL)/\partial L - P_k(1 - P_k)\partial U(Y(P_k,L) - rL - qL)/\partial L \quad (49)$$

式中, $k \in \{R,S\}$ 。同样,令 q 趋于0,则式(49)简化为

$$- P_k \partial U(Y(P_R,L) - rL)/\partial L \quad (50)$$

由于 U 连续可微,由假设,有

$$V_{SS},L - V_{RR},L \quad q \to 0 < 0 \quad (51)$$

这一严格不等式成立,由于当 $q \to 0$ 时:① U 连续可微;② Y 严格递增,且二次连续可微;③ $\partial\{P_S U(Y(P_S,L) - rL)/\partial L < \partial\{P_R U(Y(P_K,L) - rL)\}/\partial L$ 。将这一结果用于式(45),显然,存在分界点 L ;当 $L_g > L$ 时,选择安全项目, $P_i = P_s$;当 $L_g > L$ 时,选择风险项目, $P_i = P_R$ 。

命题5的直觉是:①由于式(44), L 的增加使风险型项目更具吸引力;②由于安全型项目导致更多的利息支付以及较低产出, r 的增加不利于安全项目。固定 $L(r)$ 对任意 $r(L)$ 来说,在转换线之下,会选择安全型项目,否则相反。

5.3.3 借款人生产能力与偿还率

我们再来检查借款人生产能力的差异。我们将产出写为一个额外要素 H 的方程: $Y(P,L,H)$ 。经验上, H 通过小组平均教育水平及平均土地占有量来衡量。可以确定,较高的人力资本与较多的土地将增加既定额信贷资本的边际收入。

在此,我们采用产出可分离性假性

$$Y(P,L,H) = Z(P)F(L,H) \quad (52)$$

式中,Z(P)为偿还概率分布函数, F 假定对任一要素严格增加。由这一假定,我们有

命题6:若 q 足够小,生产能力强的小组偿还率较高。

证明:在新定义下改写式(45),有

$$P_g(r_g,L_g,H_g,q_g) = P_R + (P_S - P_R)1\{V_{SS}(r_g,L_g,H_g,q_g) \geqslant V_{RR}(r_g,L_g,H_g,q_g)\} \quad (53)$$

式中，$1\{\cdot\}$ 代表参数方程，g 代表小组。显然，H_g 对 P_g 的作用取决于 V_{SS} 或 V_{RR} 是否被 H_g 的变化影响。

由式(39)，我们计算可得

$$V_{kk},H = Y_H(P_k,L,H)\{P_k^2U'(Y(P_k,L,H) - rL)\} + P_k(1 - P_k)U'(Y(P_k,L,H) - (r + q)L) \tag{54}$$

式中，$k \in \{R,S\}$，H 代表了偏导数。重新整理可得

$$V_{kk},H = P_kY_H(P_k,L,H)\{U'(Y(P_k,L,H) - (r + q)L)\} + P_k[U'(Y(P_k,L,H) - rL) - U'(Y(P_k,L,H) - (r + q)L)] \tag{55}$$

由于 U 连续可微，当 q 趋于0时，整个二次项趋于0。同样，有

$$U'(Y(P_S,L,H) - (r + q)L) > U'(Y(P_k,L,H) - (r + q)L) \tag{56}$$

因为 U 为凹函数，且 $Y(P_S,L,H) < Y(P_R,L,H)$ 。最后，我们必须证明 $P_SY_H(P_S,L,H) > P_RY_H(P_R,L,H)$ 。

利用可分离性式(28)，可得 $P_RY_H(P_R,L,H) = P_RZ(P_R)F_H(L,H)$ 。将式(28)代入式(37)，可得 $P_SZ(P_S)F(L,H) > P_RZ(P_R)F(L,H)$ ，这意味着 $P_SZ(P_S) > P_RZ(P_R)$ ，这可以充分保证

$$P_SY_H(P_S,L,H) = P_SZ(P_S)F_H(L,H) > P_RZ(P_R)F_H(L,H) = P_RY_H(P_R,L,H) \tag{57}$$

这样，我们就证明了当 q 足够小时，$V_{SS},_H - V_{RR},_H > 0$ 。将此代入式(29)，显然存在一个分界点 H，使 $H_g > H$，选择安全项目，$P_i = P_S$；$H_g < H$，选择风险项目，$P_i = P_R$ 。在此意义上，生产能力越强，偿还率越高。

这一结果，部分上因为安全项目具有较高期望权益。这样，由于可分离性，具有较高期望边际产品。此外，较之于风险型项目支付，在产出较低时，安全型项目的支付被放大。较高的 H 的小组具有较高的转换线，于是，更大的合同空间导致了选择较安全的项目。

5.4 小结

在扩展的逆向选择与道德风险模型中，本章分析了利率、借款额、生产能力以及外部选择等对偿还率的影响，得出了一系列命题。其结论对于小额信贷在中国的开展提供了一定的理论指导，并形成了一些有启发性的政

策建议。

对于中国农村金融实践而言,目前正在进行一系列变革,对小额信贷带来了冲击,这对于小额信贷机制形成了一定的约束。

2004 年以来,中国加快了利率市场化的步骤。在农村金融领域,农信社贷款利率浮动的空间进一步扩大。一方面,结合资金成本以及借款人的风险程度,确定不同的利率水平,符合资金运营的规律,也能体现公平与效率。另一方面,如果操作不当,简单将利率自由化理解为提高提率,则不可避免地对小额信贷的偿还带来不利的影响。

在小额信贷的实践中,提高贷款额度的呼声很高。在小额信贷经营中,总是谨慎地考虑到其风险。然而,本章的分析表明,在满足特定情况下,这有利于提高还款率。但是,同时也要防止由此带来的道德风险问题。

我们在一系列的环境中,同时考虑到了其他扶贫的措施,诸如农民技能培训、基础设施建设以及引导农民工外出务工等措施。这将有助于提高借款人的人力资本,导致其生产能力增强。本章的研究,从理论上证明了这对于小额信贷制度的绩效有积极的作用。

农信社的事实垄断经营,在一定程度上不利于机构竞争,造成经营积极性不足。这种局面导致外在借款渠道的单一化。本章进一步证明,这对于小额信贷机制绩效也带来了隐患。为此,给民间金融业合法化的身份,构建商业性小额信贷机构,创建村镇银行,对于小额信贷机制会起到应有的作用。

第6章　中国农村小额信贷发展绩效评价

从国际农业发展基金会最早在中国开展小额信贷活动，直至2005年专业小额信贷公司的产生，中国小额信贷制度经历了约20年的发展历程。在这一发展过程中，中国小额信贷在机构、产品等方面都体现出与世界各国不同的特征。从总体上对中国小额信贷发展绩效进行评价，可以了解中国小额信贷发展状况，以及取得的成绩与面临的挑战。从而可以对中国农村小额信贷的经验加以总结，并为下一步改革提供思路。

在对小额信贷制度的评价中，一般将覆盖面与持续性作为终级性标准。这种分析把握住了小额信贷的经典含义，具有重要意义。然而，它却忽略了小额信贷运行的其他方面特征，从而对小额信贷的反映是不全面的。本章借鉴Isern et al(2007a,b)为CGAP制定的评价标准来对中国小额信贷做出总体评价。

6.1 中国小额信贷的社会经济环境

由于一系列的中国特色，简单地将其他国家小额信贷的经验移植到中国是不可行的。这些特征可以分为三个方面：中国农村贫困的特点、农村信贷市场的结构、政府的介入。只有考虑到中国小额信贷的这些约束因素，才可以使对小额信贷的评估更为科学。

6.1.1 贫困主要集中于偏远山区

在中国，当前最为迫切的贫困问题出现在偏远农村地区。尽管20世纪90年代，农村贫困显著减少，但直到现在，农村约1亿人[①]仍生活在贫困中。

① 或约11.5%的农村人口。

改革开放以来,脱贫的步伐与总体经济增长联系密切,人均GDP的增长可以解释大部分贫困的减少。然而,鉴于以往贫困的性质,脱贫的步伐不可能继续。由于宏观经济遵循周期性方式,中国增长率可能在未来逐步下降。贫困对宏观经济周期尤为敏感,因为贫困人口依赖于生存需要,更易于遭受收入冲击。

第二个约束进一步脱贫的因素,是这样一个事实:由于大多数农村贫困人口集中于偏远山区,资源相当有限,遗留的贫困更难以克服。对于这种类型的贫困,很难采取过去总体经济增长,或广泛定位的计划方式来加以克服。除了这些特性之外,在过去年份中,遗留贫困进一步恶化了。在1978年改革开放时,大多数农村贫困人口居于沿海与中部地区不太偏远的山区。而现在,农村贫困人口集中于北部、西北与西南地区。这些地区不能参与到农业改革的迅速发展过程中。由于土地贫瘠,只能开展自给自足农业,生产率极低。因此,这些偏远地区的贫困状况十分严重。

根据这些情况,在中国可以将小额信贷作为扶贫的重要工具。然而,将小额信贷的一般经验移植到中国时,中国农村贫困的一些特征应当予以考虑。与孟加拉国相比较,通常作为小额信贷的样本国家,中国的贫困地理分布位于偏远山区,使成功的小额信贷计划运行十分困难。

6.1.2 农村信贷市场结构复杂

政府对扶贫给予了庞大的扶贫贷款计划,过去主要的扶贫战略均是大规模的、政府导向型的。这一体系的核心是乡镇企业,作为通过农业与非农产品直接生产发挥乘数作用的工具。同时,与其他国家通常的发展思路相类似,提供大量的高额补贴信贷①。

20世纪90年代中期,大部分直接信贷计划失败了,且对扶贫目标贡献甚微。于是,政府部分放弃了大包大揽的政府导向型方法,允许建立一些小

① 1986年,中国政府发动了补贴性扶贫贷款项目,旨在向农村贫困人口提供信贷。提供补贴信贷,成为随后年度中国扶贫政策的中心点。然而,中国的补贴信贷计划遭受了这一发展战略的典型问题与缺点。补贴利率不到3%,而当时官方利率为8%~10%。结果是,由于廉价贷款对富裕农户具有吸引力,贫困农户被逐出了市场。地方政府有很强的政治影响,同样偏爱增收的产业项目,结果大量的扶贫贷款被转变用途。最后,弱化的执行机制与补贴信贷的有效捐助特征鼓励了拖欠,导致50%左右的低还款率。

规模的非政府组织主导的小额信贷计划。然而,小额信贷仅被作为试验以检验消除农村贫困的效果。由于被这些早期小额信贷机构的成功所鼓舞,中国政府克服了最初对小额信贷的怀疑,率先促成小额信贷作为农村扶贫的工具。尽管非政府组织继续在小规模环境中运行,并保持实验地位,1996年,政府发起了自己的规模庞大的小额信贷计划。所需资金主要由最初分配给补贴贷款计划的资源而来。两年后,政府计划已覆盖了22个省的600个县。政府的强力介入成为中国小额信贷的另一个特点。对小额信贷成功作为扶贫工具并不十分有利,而且同样影响了小规模的非政府组织主导项目。

除了政府与非政府组织小额信贷计划提供的信贷之外,在中国农村还存在其他形式的正规与非正规信贷。最重要的正规信贷来源是农村信用合作社网络,该机构分支几乎遍布所有村庄。在农村地区活跃的其他金融机构是中国农业银行与中国农业发展银行。中国农业银行是一家专业化的商业银行,主要向国有企业或乡镇企业发放流动资金贷款。仅有约16%的农业贷款流向农业部门,到达农户层面的就更少。然而,中国农业银行对解决农村贫困仍然很重要,因为目前它仍管理着政府补贴扶贫贷款计划。另外,中国农业发展银行1994年由中国农业银行分离出来成为一个专业的政策性银行,仅向政府农产品收购提供信贷。尽管这两个机构在农村地区很活跃,但是它们主要向国有企业贷款,对农村贫困农户影响甚微。因此,农信社是向农村家庭提供信贷的最为重要的金融机构,占到农信社总贷款量约一半。尽管贷款形式伴随着一些问题,诸如风险大、管理成本高,农信社仍然为农村居民与家庭服务。由于在中国,当地农信社是独立的会计单位,银行间借贷受到限制,该机构很难将资金转向其他地区。由于地理上覆盖到乡村层面,农信社被中国政府视为推行大规模小额信贷计划的最好工具。自2000年,农信社开始建立小额信贷计划,根据格莱敏银行模式发放联保贷款。自2002年开始,农信社在全国范围内经营小额信贷,目前是提供政府支持小额信贷最为重要的机构。在中国,三种类型的小额信贷机构显著存在:第一种是非政府组织主导的项目,仍被视为短期试验;另两类均为大规模的小额信贷计划,国有机构提供资金并经营。尽管政府主导型小额信贷的第一阶段中,政府建立了专门机构来经营小额信贷,但自2000年起这一策略已发生变化,开始采用农信社的大量机构网络在中国农村开展政府主导型小额信贷。然而,尽管中国农村大规模信贷的可得性依然存在,大多数贷款仍来自非正规渠道,表明在这些地区小额信贷仍很有潜力。

6.1.3 大规模政府介入带来的扭曲效应

对政府计划以及私人非政府机构项目而言,小额信贷的扶贫政策均受到政府大规模介入的影响。政府主导小额信贷计划最为显著的特征是,它们保持了扶贫贷款计划的传统,并具很高的补贴利率。尽管政府项目的可靠资料难以获得,但一些调研证实,这些计划正面临过低利率的一般问题,贷款被转向富裕农户。此外,偿还率很少超过60%,并不显著高于先前扶贫贷款的低偿还率。另外,大部分中国非政府组织项目偿还率在90% ~ 100%。从这些数字可以得出结论,通过政府介入迅速推广小额信贷,并没有真正摆脱政府主导扶贫贷款原则的所有缺点。政府受中国早期小额信贷试验成功的影响,试图将小额信贷作为大规模的发展工具,却没有抓住小额信贷的基本原则。在大多数情况下,贷款小组仅名义上存在,并不向贷款偿还承担担保责任。小组领导也不是由借款人小组选出,而由地方政府任命。在还清先前贷款之前,后继贷款的拖欠——小额信贷成功的另外一个至关重要的原则,也被忽略了。这些观察引发了这样的思考:相比于金融发展的早期形式,由于这些原则对于小额信贷取得成绩至关重要。那么,小额信贷能否在中国扶贫中起到真正有效的作用?进一步必须考虑的是,政府主导的小额信贷,通过扭曲竞争,同样限制了较为成功的非政府组织小额信贷计划的有效性。尽管受制于利率管制,非政府组织主导的项目索要的贷款利率高于政府项目,但是其严格坚持了小额信贷的基本规则。

可能的后果是,政府与非政府项目在一个区域并存,借款人由于条件较为方便而偏爱政府项目。因此,实实在在存在的危险是,补贴型政府小额信贷的扩张,可能会挤出在中国运行良好的非政府组织主导的小额信贷机构。从这一点得出的结论是,有必要增加培训与能力建设以增强小额信贷基本原则的一般理解与接受程度。除了中国农村贫困的特征需要小额信贷计划的合理设计之外,大规模政府机构的扭曲效应同样可以被视为中国小额信贷环境的另一主要因素。

一直以来,中国金融部门主要被用来作为政府实现分配目标的工具。

当20世纪90年代总体增长放慢,国有企业亏损明显增强时,这一政策终归难以持续。金融部门改革的主要目标是减少不良贷款,使银行有效地独立于政策干预。最主要的步骤是,商业银行与政策银行分离,前者发放贷款仅以营利性为标准。除了这些机构变革,政府逐渐缓慢地放开利率与资本跨地区转移。金融部门不断商业化,同样严重影响了农村金融结构,因为农信社被迫减少不良贷款,从而收紧信贷标准。这会对向贫困农户储贷造成负面影响。另一个担心的问题是,跨地区资本流动的自由化会造成大量资本从农村贫困地区转向中心城市,其收入高而交易成本低。尽管这一趋势肯定不利于农村地区发展,这同样意味着,政府介入农村金融机构还能以这种形式存在很长时间。在这一背景下,金融部门改革提供了这样一种机会:从高补贴的不可持续政策中转移,再次集中于非政府组织机构,成功引入中国的小额信贷基本原则。更进一步的,因为不断商业化而使贫困农村面临的挑战,提供了小额信贷可以在中国起作用的另一个证据。

6.2 中国小额信贷的法律与管制约束

除了政府项目的扭曲效应外,非政府组织机构同样面临着中国对小额信贷十分严格的法律与管制约束。这些法律与管制约束包括小额信贷机制不确定的法律地位,对集资与动员储蓄的限制。

中国金融机构从业资格基于1995年的《商业银行法》与1997年的《农村信用合作社管理规定》,通过这两部立法与规定,中国的商业银行与农信社享有明确界定的法律地位。而通常由国际非政府组织与当地政府金融研究机构合作的小额信贷项目没有明确的法律地位。非政府组织主导的小额信贷项目要取得明确的法律地位,唯一办法是申请银行业从业资格。然而,由于其经营规模小,业务主要集中于贫困客户,使它难以满足从业要求。中国小额信贷机构缺乏从业资格,并不仅仅意味着不确定性,同样,也限制了这些机构将存款作为融资形式。由于当地储蓄比大多数外部资金廉价,对小额信贷机构越来越重要。这一限制是对中国小额信贷机构再融资机会的主要限制。此外,储蓄产品,不仅作为再融资的工具,也是小额信贷项目中信贷组成中重要的附加产品。因此,从这一点看,改变管理框架,使小额信贷机构可以动员储蓄是最为理想的。非政府组织项目,由于法律地位问题，不但限制了其动员储蓄，而且限制了其取得外汇贷款。从国外转入资金以及兑为本国货币受到严格限制，这一点尤其限制了非政府组织计划。

6.3 中国小额信贷的市场规模与组织结构

6.3.1 市场规模

目前，中国小额信贷大体上可以分为三种类型：一是大银行提供的下岗失业担保贷款、助学贷款和扶贫贷款，总计有几千亿元的贷款额度；二是农村信用社的小额贷款，有 6100 万农户享受到 1927 亿元贷款，覆盖面占到全部农户的 27.3%；还有一部分农户联保贷款，约有 1200 万户享受到 141 亿元的贷款；三是目前存在的 100 多个非政府小额信贷组织，提供了约 10 亿元的贷款。

总体而言，中国小额信贷发展时间较短，而且由于上述宏观环境的原因，小额信贷市场规模不大，特别是最早运行的 NGO 小额信贷，1998 年规模仅约 1.6 亿元，直至 2005 年才达到 11 亿元。这说明中国 NGO 小额信贷规模较小，而且发展速度缓慢。这显然从数字说明了中国 NGO 小额信贷一直没有取得有效身份。

而显然具有的政府主导特征，使得政府扶贫贷款规模较大，1998 年约 6 亿元，2005 年达到 381 亿元。这种迅速扩张，一方面让我们看到了政府介入小额信贷强制性制度变迁的推行效率；另一方面，我们不得不担忧这种迅速扩张背后的隐患。

农村金融体制约束为农信社发放小额信贷创造了合理性，自 2001 年开始的农村信用社小额贷款，规模最为巨大，2005 年达到 2263 亿元，占到总体贷款额度的 1/4。图 6－1 与表 6－1 对中国各类小额信贷市场总量以及发展进行了描述。

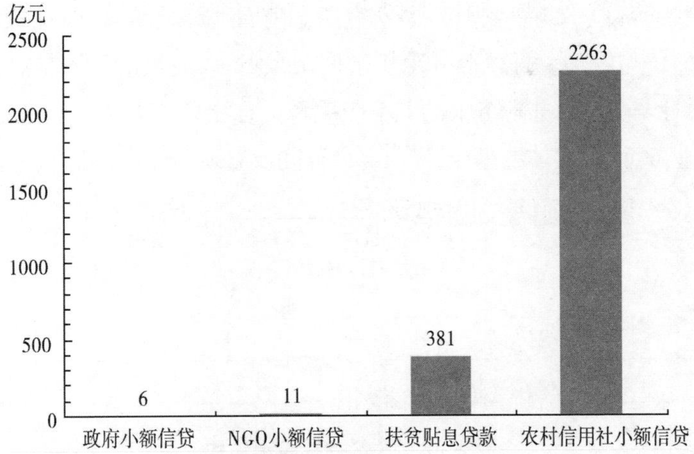

图6-1 对于我国各种类型小额信贷市场总量的估计

资料来源:焦瑾璞,杨骏(2006)。

6.3.2 组织结构

对于中国小额信贷的组织结构而言,农信社开展的小额信贷业务,其组织方式与一般农村业务并无多大区别。最为代表性的,应该中国扶贫社的组织结构。图6-2与图6-3对此给予了描述。

表6-1 中国小额信贷机构概况

	捐赠机构	政府	农信社
起始时间(年)	1994	1997	2001
额度(US \$)(1998)	20M	75M	na
信贷限额(US \$)	125~800	125~800	125~6000
贷款方法	五人小组与村信贷基金	五人小组与城市地区的担保	个人贷款、连带小组贷款
储蓄	成员间强制储蓄	成员间强制储蓄,或无须储蓄	自愿储蓄
利率	8%(平价)或以银行利率为基础	3%(平价)	以银行利率为基础(6%~7%)
目标客户	贫困农户	贫困农户	农村所有住户

资料来源:Ruomei Sun(2003)。

扶贫社总部位于北京农村发展研究所。南召、虞城、易县与丹凤四家分社,受总社的监督与管理。丹凤分社由于政府干预过多,后被取消资格。但应该明确的是,总社与分社并非业务上的上下级关系。总社只负责技术的指导、人员的培训等项业务,而不具体办理业务,也与分社间没有财务往来(见图6-2)。

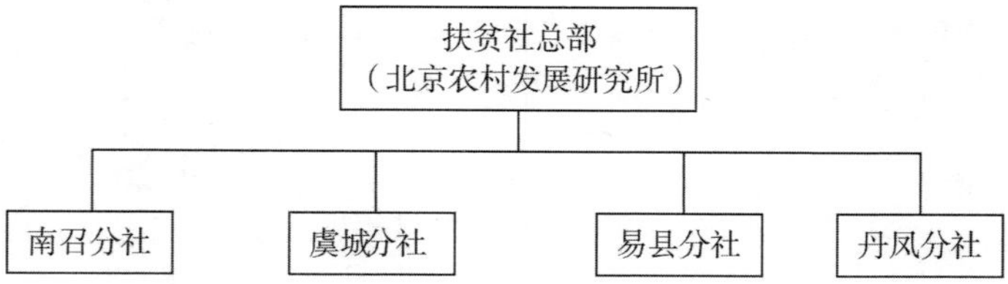

图6-2 扶贫社的组织结构

在县一级以下部分,即小组与中心层次,扶贫社的组织形式明显与格莱敏银行组织形式类似。从成员组成小组,再形成中心,直至形成地区性的分部,明显借鉴了孟加拉国的小额信贷组织形式。图6-3介绍了虞城分社的小组与中心层次组织形式。

尽管中国小额信贷具有明显的政府导向型特征,但在扶贫社的组织设计中,这些问题被有效规避了。扶贫社的机构设置实行跨地区布局,与基层政府机构的行政区域有意错开。这样,防止了来自地方政府的干预。加上是社科院设立的实验机构,这样在中央有关农村金融政策上,也可取得更大的自由空间。这也为下述的关键指标提供了背景。

图6-4还对扶贫社项目分支机构、次级分支机构数、员工数进行了概括,以显示扶贫社项目的规模扩张。总体来看,1998年以来,中国扶贫社扩张的速度极为缓慢,分支机构数量几乎没有变化。1998—2002年,分支机构数量一直维持在3个,2002年增加1家。仅在下级层次进行了扩张,从1998年的3家,扩展到2002年的12家。这与中国金融体制的约束不无关系,也与扶贫社的非政府组织身份有关。另外,扶贫社在扩张中,从微观层面看,却未形成机构与人员的膨胀。员工数从1998年的54人,发展到2002年年底,也只有96人。从每单位平均员工数来看,甚至是减少的。这说明,扶贫社尽管没有像格莱敏银行那样,迅速形成大而强的格局,但却保持了小而精的特点。我们可以看到,1998—2002年年底,员工数扩张不到1倍,而未偿贷款余额却扩张了4倍(见图6-5)。这说明扶贫社的绩效是比较明显的。

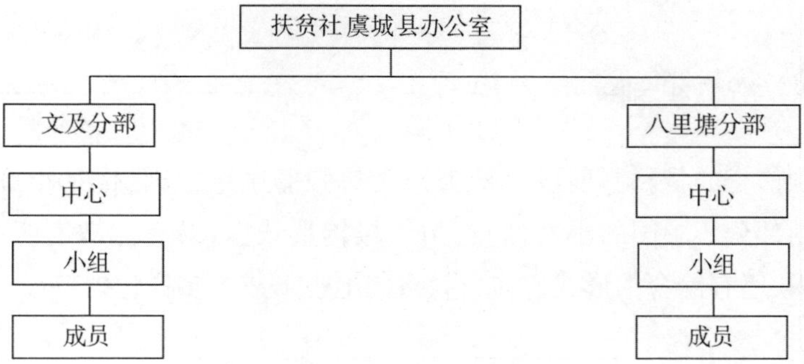

图6－3 虞城分社的小组与中心层次

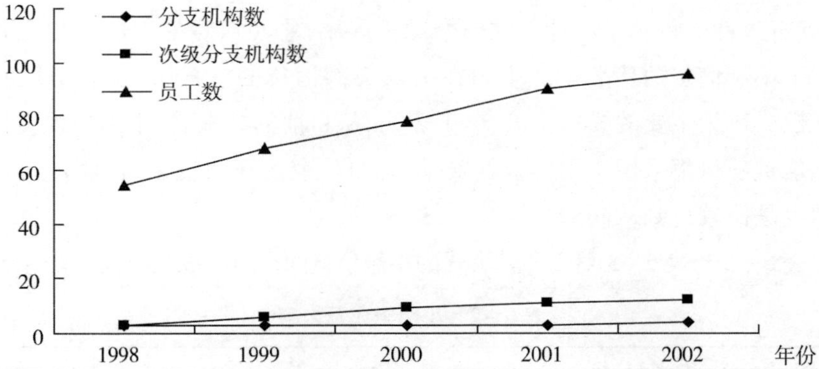

图6－4 扶贫社的分支机构与员工数

资料来源：根据 Ruomei Sun(2003)、扶贫社总部(2004)整理。

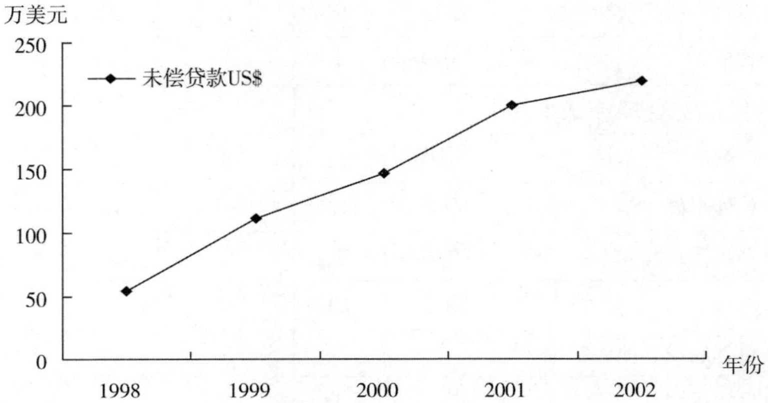

图6－5 扶贫社的未偿贷款数

资料来源：根据 Ruomei Sun(2003)、扶贫社总部(2004)整理。

6.4 贷款机制

小额信贷的贷款制度被归结为信贷扩张的主要原因，也是小额信贷最为精彩的部分。中国的小额信贷，由于机构形式多，既有非政府组织，又有政府组织，还有混合的形式。在贷款机制上也形成了多样化的特征。

6.4.1 团体贷款

团体贷款是小额信贷最具典型性的模式。在格莱敏银行几十年的实践中，其有效性也得到了印证。在向全球扩展中，小额信贷的团体贷款方式甚至成了小额信贷的代名词。中国在引入小额信贷的方式中，也曾一度将格莱敏模式作为主要的模版。表6－1表明，从目前的状况看，中国各种类型的小额信贷项目都采用了团体贷款安排。而且，就运行情况来看，团体贷款的作用也是比较得到认同的。

表6－2与表6－3对于各种形式的小额信贷的小组组成状况，进行了比较。

表6－2　小组组成及内容

1. 成员如何获得项目信息	总体	非政府组织	混合	政府组织
(1)村民	12	18	5	5
(2)乡村领导	38	34	25	88
(3)项目实施人员	46	41	69	5
(4)其他	4	7	1	2
2. 你为什么与这些人形成小组?				
(1)声誉好	5	5	8	0
(2)相处得好	47	62	41	5
(3)经济活动相同	3	6	0	0
(4)邻居	20	18	26	17
(5)村邻居或其他人安排	21	3	24	78
(6)自我组织	3	5	1	0
(7)不清楚	0	1	0	0

续表

3. 小组领导如何选举?				
(1)所有成员选举	85	95	90	44
(2)由村镇领导任命	8	1	1	51
(3)项目实施人员任命	3	1	6	2
(4)其他	4	3	4	2
4. 中心领导如何选举?				
(1)所有成员选举	78	85	78	41
(2)小组领导选举	7	7	8	4
(3)项目实施人员任命	5	4	7	0
(4)乡村领导任命	7	1	4	44
(5)乡村领导担任	1	1	0	4
(6)其他	3	2	3	7
5. 小组经常开会吗?(%/年)	74	89	67	42
6. 中心会议几周开一次?(%)				
1 周	48	47	52	33
2 周	32	45	20	20
4 周	15	5	18	20
4 周以上	5	3	20	27
7. 成员的项目由小组批准吗?(%/是)(小组领导反应)	45	60	40	1
8. 其他成员不按期还款,你负责赔偿吗?(%/是)	81	94	77	44
9. 小组基金的主要功能是什么?(%)				
(1)如果成员处于困难,分期还款	71	82	74	25
(2)其他	29	18	26	75
10. 在过去的 10 次会议中,你几次不在?	1.6	1.6	1.7	2.6
11. 所有的分期偿付与贷款发放都在中心会议上进行吗?	86	91	86	46

资料来源:Park & Ren(2001)。

在中国的小额信贷项目中，很显然，非政府组织的小额信贷项目与国际流行的格莱敏银行模式最为接近。成员间的项目信息主要依靠项目实施人员，而乡村领导也积极支持。在形成小组时，选择其他成员的标准是相处得好以及邻居，这意味着小组的信息机制可以发挥。小组领导与中心领导由所有成员选举，具有很大的民主性。小组经常开会，且主要是1到2周一次。成员的项目由小组批准，但比例只有60%，高于其他组织形式。大多数人认为，其他成员不还款，自己要履行连带责任。小组基金用于成员困难时还款。成员不到会的情况比较少见，而会议上主要进行分期偿付与贷款发放。

而政府主导的项目，显然在很多方面都未能遵守小额信贷的一般原则。成员的项目信息主要依靠乡村领导的积极支持。在形成小组时，选择其成员的标准是村领居或其他人安排，这意味着小组的信息机制难以发挥。小组领导与中心领导的诞生，是所有小组成员选举与村镇领导指定的方式基本上持平。小组不经常开会，且周期从1周到1个月以上不等。成员的项目完全不由小组批准。约半数人认为，其他成员不还款，自己要履行连带责任。小组基金不用于成员困难时还款，而用作其他用途。成员不到会的情况比较多见，而会议上只有一半机会进行分期偿付与贷款发放。

表6-3　小组会议的内容　　单位(%)

总体	非政府组织	混合	政府组织
1. 收缴分期款项			
80经常	97	99	99
0 偶尔	1	1	1
20从不	2	0	0
2. 监督贷款使用			
64经常	81	89	74
24偶尔	18	11	26
12从不	1	0	0
3. 讨论项目选择			
16经常	55	77	31
60偶尔	39	22	60
24从不	6	1	9

续表

总体	非政府组织	混合	政府组织
4. 处理拖欠贷款			
36经常	33	41	20
44偶尔	42	34	54
20从不	25	25	26
5. 培训			
12经常	52	76	28
76偶尔	42	23	61
12从不	6	1	11
6. 提供与交换信息			
40经常	76	89	66
40偶尔	21	11	32
20从不	3	0	2

资料来源:Park & Ren(2001)。

混合形式的小额信贷安排在许多方面都有着混杂的特征。成员的项目信贷主要依靠项目实施人员,而乡村领导也进行了辅助。在形成小组时,选择其他成员的标准是相处得好以及邻居,但村领导其他人安排也占相当比例。这意味着小组的信息机制可以发挥,但是会出现明显的波动。小组领导与中心领导由所有成员选举,具有很大的民主性。小组经常开会,且主要是1~2周一次,但1周以上甚至1月以上的周期,分布比较平均。成员的项目由小组批准,但比例只有40%。大多数人认为,其他成员不还款,自己要履行连带责任。小组基金用于成员困难时还款。成员不到会的情况比较少见,而会议上主要进行分期偿付与贷款发放。这表明,混合形式的小额信贷在很大程度上维护了小额信贷的机制。

在小组会议上,常规的内容主要是收缴分期款项,监督贷款使用,讨论项目选择,处理拖欠贷款,培训,提供与交换信息,这与格莱敏银行的模式有密切关系。而从表6-3可以看出,非政府组织项目基本上维护了这些原则,混合项目次之。而政府主导项目则基本上没有做到这些,小额信贷的团体贷款创新机制基本上没有得到很好执行。

不容忽视的是，小组会议的时间成本较高，在中国各种类型的项目中都有所表现。格莱敏银行的营业区域位于平原地区，而中国的一些小额信贷项目却处于山区，交通不便。这说明周会制度在中国的小额信贷项目中应该灵活调整。

6.4.2 动态激励

在小额信贷制度的贷款机制中，动态激励是又一个比较重要的制度。在贷款运行期间，首先给予借款人一个较小的额度，待偿还表现好之后，再逐渐加大贷款额度，以及给予较好的贷款条件。如果偿还表现不好，则拒绝进一步贷款。在小额信贷制度安排中，有时是终身拒绝给予贷款。新近的理论研究表明，动态激励是比较重要的机制，甚至要比团体贷款制度更重要。

从对客户的调查来看，动态激励机制在各种类型的小额信贷项目中均被采用。但是，总体而言，动态激励机制在中国小额信贷制度中并没有得到很好的执行。在成功还款之后，实际上得到下一笔贷款的比例不高。这样，小额信贷机制的另一个比较重要的原则，在中国也并未得到较好的维护。

在不同类型的项目中，动态激励执行的程度是不同的。从客户对于遵守该制度的预期收益来看，非政府组织项目执行该机制最为有力，混合型项目次之，政府组织项目的预期最差。而从现实看，在还款后，非政府组织的客户实际得到贷款的比例最高，混合型组织项目表现很差。而从混合型项目不能得到贷款的原因来看，主要是客观的，而唯一约束的可能是没有资金可贷。

6.5 制度绩效评价

扶贫是小额信贷的主要目标。对于中国的小额信贷制度而言，由于政府的大力推进，小额信贷近年来发展迅猛，对于农村居民的资金供应得到了很好的缓解。

6.5.1 成员资格标准

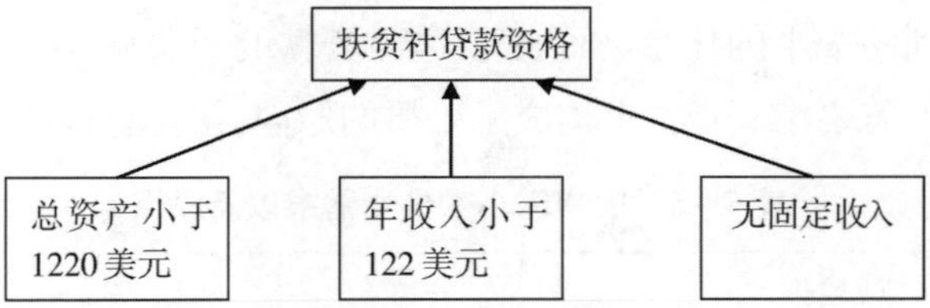

图6-6 虞城分社成员资格标准

资料来源:扶贫社虞城分社。

从成员资格标准来看,中国小额信贷机构的成员资格标准并不是很高。比较而言,国际援助项目所支持的小额信贷,一般均瞄准最贫困的农户。而扶贫社以及农信社小额贷款的标准要偏高一些。当然,这种差异首先在于主导目标的不同。国际援助小额信贷项目,其本身的目标在于扶贫,而扶贫社以及农信社小额信贷的首要原则,是贷款的可得性。其次,差异还在于管理成本较低。国际援助小额信贷项目一般规模较小,加之又有较为先进的管理程序,管理成本较低。从而在将贷款目标客户定位于最贫困的农户后,财务上的可持续还可以保持。相比较而言,由于规模较大、人力不足,造成扶贫社与农信社小额贷款的成员资格标准不得不提高。这种提高,一定意义上选择了较为优质的客户,增强了财务自给能力。

表6-4 中国小额信贷机构的成员资格标准

	赤峰	南召	左权
人均纯收入(元)	< 824	< 1000	< 800
地区比较收入水平	最穷的	低于平均水平	低于平均水平
家庭净资产(元)	< 15000	< 15000	无限制
性别限制	女性	女性优先	无限制

资料来源:根据 Enjiang Cheng(2007)整理。

6.5.2 贷款申请与取得

从客户申请来看,政府组织的小额信贷项目,较之于非政府组织项目以及混合项目,客户更容易申请,这符合中国小额信贷政府主导型的特点。不像政府组织型项目资格条件宽松，达不到项目资格以及难以找到其他小组成员，是非政府组织项目与混合项目难以到达部分客户的原因。

根据表6－5的进一步分析表明，在未申请的原因中，不需要贷款是最主要的原因，占到约一半的比重。而由于小额贷款的成员资格、申请程序、金额等约束，农户不需要小额贷款也构成了重要的原因，占比总计约为37.5%。

表6－5　农户无小额信贷需求以及原因

项目	样本数	占比（%）	平均金额（元）
无须求者	166	100	2806
不需要贷款	71	46.4	
不需要小额贷款	38	22.6	
有其他贷款来源的	7	4.2	
还款能力低而未申请	26	14.9	1539
不了解小额贷款	4	2.4	
其他	15	9.5	

资料来源：根据Enjiang Cheng（2007）整理。

从小额信贷之外的贷款来源来看，民间借贷（共占比69.6%）与农信社（占比10.2%）是最为主要的贷款途径。图6－7对此进行了说明。

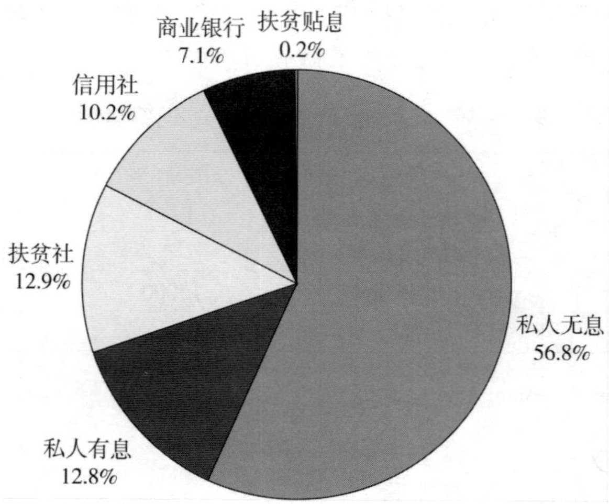

图6－7　小额信贷之外的贷款来源

资料来源：根据孙若梅（2006）整理。

如果从客户对项目的依赖性来看,显然客户对非政府组织项目的依赖程度最高——仅有47%的客户表示没有贷款,依然从事该项目。而在政府组织以及混合型项目中,客户的依赖性较差。这也与前述的民间金融渠道有关,而混合型项目与政府组织项目均拥有比非政府组织更多的其他资金来源。但显然,项目的规模或受到影响,而非政府组织以及混合型项目都受到了最大的影响。

6.5.3 贷款用途

从偿还率的总体表现来看,中国小额信贷机构的偿还绩效呈现出混杂的特征。总体而言,非政府组织项目的偿还率最高,混合型项目次之,而政府组织项目最差。从至少延期偿付一次的农户比例,以及每周偿付中未按时偿付的比例可以看出这一特征。而为了还款,主要的办法是从组外借款,其次是从小组基金借款,最后才是从小组成员借款。但是,从小组基金借款的金额最大。

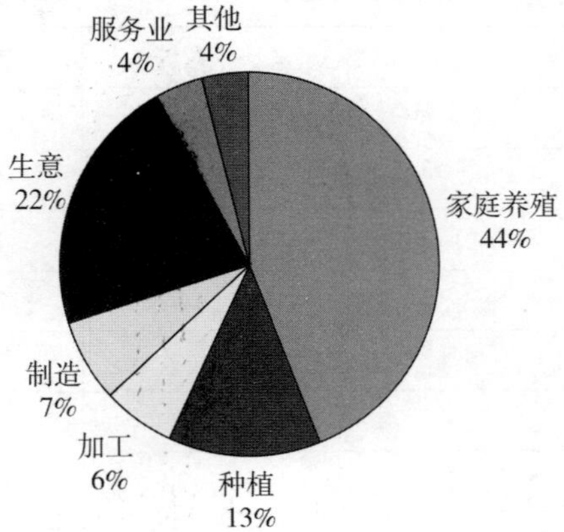

图6-8 小额信贷客户主要选择的项目

资料来源:根据孙若梅(2006)整理。

从还款资金来源来看,主要的方式是销售农副产品,以及自主创业收入。在政府主导的项目中,借款是十分重要的资金来源。这表明客户的经营并未摆脱困境。而从图6-8的情况来看,主要选择的项目是家庭养殖与种植,以及生意。非政府组织中,经营生意的比例远高于其他组织形式。

6.5.4 财务绩效

由于小额信贷项目出现,本身还具有另外一个目标,即实现金融机构的财务可持续。在中国,各种政府补贴型的信贷项目,往往都面临着严重的亏损。农信社的长期亏损已经成为农村金融发展中的难题。2003 年以来的农村金融体制改革,进一步将商业性可持续发展作为其主要目标,标志着中国农村金融改革战略的调整。对于小额信贷机构而言,政府主导项目出现了严重的亏损,偿还率低,财务绩效差。农村信用社由于与主营业务混杂,在评价中难以分离,有较大困难。所以,本章节研究集中于非政府组织小额信贷项目的绩效。

表 6－6 表明,非政府组织的小额信贷项目财务绩效较好,实现了财务的可持续。从经营自给率以及财务自给率来看,虞城、南召、易县扶贫社均实现了可持续经营。而从表 6－6 的成本来看,人员成本低是扶贫社机构能够保持财务持续的重要原因。

表 6－6　非政府组织小额信贷项目的财务绩效与成本

	虞城	南召	易县
经营自给率(%)			
1997 年	107	128	141
1998 年	156	152	174
1999 年(1－10 月)	144	225	
财务自给率(%)			
1997 年	42	45	51
1998 年	102	97	86
1999 年(1－10 月)	81	149	
项目成本构成(1999 年 1－10 月)			
A. 财务成本	29.5	32.5	
(1)利息	23.2	23.1	
(2)贷款损失准备	6.3	9.4	
B. 经营成本	70.5	67.5	
(1)工资与票据	42.7	46.9	

续表

	虞城	南召	易县
(2)其他人员费用	23.8	17.5	
(3)折旧	2.1	3.0	
(4)其他	1.9	0.1	

资料来源:Jackelen, Henry & Mi Xianfeng(1997)。

进一步的,检索易县扶贫社的主要财务指标(见表6-7),可以明显看出,易县扶贫社完全可以实现可持续经营。通过计算补贴依赖指数可以得知,易县扶贫社对于补贴的依赖性极小。在初期,指数值为0.16,然后基本稳定在这一水平,波动较小。这说明,在中国,遵循小额信贷一般原则的机构可以实现扶贫与财务可持续的兼顾。

表6-7 易县扶贫社主要财务指标(2000—2003年)(%)

	2000年	2001年	2002年	2003年
1.资产收益率	2.82	2.97	0.66	1.1
2.可调整资产收益率	2.42	2.55	1.00	1.8
3.调整期权收益率	10.49	13.35	5.75	10.6
4.经营自给率	142.71	136.05	107.42	112.4
5.财务自给率	135	129	112	122

资料来源:Jackelen, Henry & Mi Xianfeng(1997)。

6.6 小结

从中国小额信贷制度的发展来看,各种类型的小额信贷制度在中国都有所进展。中国的制度环境对小额信贷的发展带来了许多难题。中国的小额信贷制度必须在贷款机制上做出调整。同时,在宏观的社会经济环境下,中国的小额信贷制度面临的更多是制度问题,而非技术问题。由此,在实际的的运行中,特定的NGO组织小额信贷,由于避开了特有的制度背景,在偿还率以及财务绩效方面都是最优的。而在特有的制度背景下,混合的组织以及政府组织的小额信贷,其偿还率与财务绩效都大大降低。因此,在中国现有的制度背景下,大范围的小额信贷制度运行难以成功,绩效难以提高。

根据以上分析,在中国存在将小额信贷作为扶贫工具的重要可能。然而,中国农村贫困的一些特征应当予以考虑。当将小额信贷的一般经验移植到中国时,与孟加拉国相比,中国贫困地区分布位于偏远山区,使成功的小额信贷计划运行十分困难。贫困地区难以到达,人口分散,增收活动更只限于农业。与人口居住集中的孟加拉国相比,2000 年,中国低收入农户仅将新借入资金的 30% 用于生产性用途。在这一数字中,大部分用于牲畜饲养以及购买化肥,而仅将 11% 的借入资金用于自主创业。相比较而言,大量的信贷活动用于消费用途,证实了这些偏远农村地区商业活动有限的问题。严重依赖于农业,缺乏多样化收入,同样造成一些农户难以满足每周还款的需求。而这一要求在大多数小额信贷计划中是十分常见的,因为增收活动常常限于一年中的特定时期。此外,由于路途遥远,参加成本高,地理特征使借款人正常的例会变得更为困难,而这是小额信贷的典型组成部分。中国农村贫困的这些显著特征,需要小额信贷计划做出适应中国环境的调整,而不是仅将标准的计划移植到中国。特别是,合同条件,诸如还款期与会议频率,应当更加灵活,以便考虑到当地借款人的需要。在这一背景下,格莱敏模式中严格的会议要求与还款计划,可以适应于中国环境并不加调整的复制,是值得怀疑的。

实际上,对早期信贷运动继续试验并创新,以便在不同的当地环境中发展有效的扶贫工具,中国提供了很好的范例。然而,项目应当遵循小额信贷的基本原则:利率应当足够高,以防止人为扭曲;团体贷款,以保证还款的执行;只有偿还记录良好,才能再次发放贷款。绕开这些基本原则,可能会显著限制小额信贷的有效性。

除了增加小额信贷计划的灵活性,中国农村贫困的特征同样证明,有必要检查在农村贫困总体开发方法中小额信贷的合理地位。新近的研究已经置疑了这一假设——信贷可得性是农村地区贫困家庭面临的最迫切的约束条件。1997 年开展的农村信贷住户调查表明,仅有 20% 的贫困农户想得到新的正式信贷而没有借得。这一数字证实,中国存在发展小额信贷的潜力,同样表明,因为已存在正规信贷的较好供应,小额信贷不能作为农村地区扶贫的首要工具。农村贫困人口有限的创业机会不能简单地通过增加信贷供给而克服,而需要全面的农村发展战略。除了小额信贷之外,这一战略同样应该包括其他政府行为,诸如投资于当地教育与健康设施。尽管小额信贷对于农村扶贫有重要潜力,但它不能作为广泛满足所有贫困人口的工具。

第 7 章　完善中国农村小额信贷制度的政策建议

通过对小额信贷理论的总结与国际比较，可以找到小额信贷的一般原则，为规范中国农村小额信贷制度奠定了基础。对于中国农村小额信贷制度的发展历程回顾，可以得出中国小额信贷制度发展的制度路径以及经验得失。结合对影响小额信贷偿还率的主要因素的分析，可以进一步探寻推进小额信贷绩效提高的环境因素。据此，本章提出相应的政策建议。

7.1 加强农村信用社小额信贷管理

目前，农村信用社小额信贷存在覆盖面小、层次不高、质量不佳、方式不优、责任不清、额度失衡等诸多问题。这些问题的原因是多方面的，既有农村信用社体制性制衡与其在农村金融体系中所处的基础地位不对等的矛盾存在，又有社会信用环境不佳与农村信用社硬负债、硬投放、软收回之间的矛盾。因此，在今后推广农户小额信贷中，应坚持“稳中求进、效益优先、风险降低、社会关注”的原则。

7.1.1 搞好个体经营户的信用评定

城乡个体经营户是农村信用社拓展小额信贷市场不可或缺的“黄金客户”，在服务方面，应充分发挥员工的作用，实施员工责任发放，将对这些“黄金客户”的贷款责任落实给农村信用社责任心强、无违规放款、有担保能力的内部员工，由其办理小额信贷。实行包放、包管、包收、包效、包赔的“五包”责任制，以此让员工都来关心小额信贷，不断增强全员的经营意识和责任意识。

7.1.2 加强规范操作

小额信贷在实施过程中，要以流程图的形式公开贷款条件、程序和相关办法，做到简明易懂、一目了然。对农户的评级、授信、发证、放贷、收贷收息等环节的工作要增强透明度，定点张榜公布。要建立和完善农户信用贷款档案管理，家庭经济状况发生变化时要及时更新。信贷员要定点放贷，并向农户发放便民联系卡，以便有事能及时联系。在业务量大的乡镇可以实行农户客户经理制，为重点支持的种养业提供资金、信息、技术、市场分析、风险防范于一体的"金融套餐"服务。

7.1.3 建立责任考核制度

农户小额信贷是以农户信用为基础发放的贷款，但农户的信用是动态的，由于受种种因素的制约，必然会出现一些变动，因此，个别农户的小额信用贷款产生风险是难以避免的。为防范和化解农户小额信贷风险，必须建立科学、合理、规范的贷款管理责任考核制度。要防止两种倾向，一种是认为小额信贷属于"包放、包收"贷款，要实行贷款损失全额赔偿；另一种是认为小额信贷是"政策性"贷款，贷款损失不必追究赔偿责任。因此，对农户小额信贷确定一个适当的不良贷款比例，应参照本地区农户小额信贷的不良贷款平均比例，确定相应的不良贷款考核指标。实行超指标比例赔偿、低于指标比例适当奖励的办法，以调动信贷员管好贷款的积极性。

7.1.4 加强信贷员队伍建设

农户小额信贷涉及千家万户，管理繁杂、工作量大，做好农户小额信贷工作需要信贷员具备高度的敬业精神、良好的业务素质和艰苦的工作作风。信贷员要坚持不懈地学习新知识，接受新知识，掌握新技能，不断提高自身的政治素质和业务素质。只有这样，才能科学地把握农户小额信贷的投向和投量，才能为农户提供高效优质的金融服务，才能推进农户小额信贷的安全、有序发展。

7.1.5 深入开展增资扩股工作，明晰产权关系

人民银行应多关注信用社的改革，放宽对信用社股金管理的硬性规定，允许信用社随时吸纳农户入股成为社员，提高农户入股比例，使广大农户成为信用社名副其实的主人，进一步扩大渗透力和影响面。大力吸收关心信用社发展、责任心强、讲信誉的农户入股，促进小额信用贷款的营销。

7.1.6 建立健全贷款风险补偿机制

建设社会主义新农村，发展地方产业是重点，由于农民发展的主导产业都属弱质产业，受自然灾害影响较大，因而政府财政部门应贴补一定资金对农户小额信贷进行贷款保险；人民银行应对信用社过去发放的支农贷款进行全面调查，对因自然灾害而产业失败造成的信贷资金损失及时给予弥补；地方税务部门应减免信用社农户小额贷款利息营业税，通过多方的政策支持，提高信用社支农服务的积极性，增大信贷资金投入，加快新农村建设步伐。

7.2 促进公益性小额信贷发展

7.2.1 进一步推进非政府组织小额信贷的发展

第一，扫除政策性障碍，建设多元融资体系。小额信贷机构的持续性会受政府金融管制、法律制度和宏观经济发展状况的影响和制约。像易县扶贫社等非政府小额信贷机构是中国农村反贫困开拓者的一种现实而有效的工具，政府应加快对中国小额信贷组织业务经营法规及其管理规范的制定与完善工作，特别是在小额信贷组织金融身份缺失以及监管主体不明等问题上应予以重点关注，以扫除政策性障碍。

一方面，政府推动多元融资体系建设，考虑通过建立国家小额信贷批发基金或者由商业银行及政策性银行进行批发贷款项目竞标的方式来对小额信贷组织提供批发贷款。另一方面，NGO 小额信贷机构通过舆论宣传等方式，向社会各界积极介绍其小额信贷业务及其在实践中遇到的各种困难，尽

力争取各级政府机关的政策扶持,创造良好的外部支持。

第二,积极探索商业银行等金融机构与非政府小额信贷机构的合作模式。中国农村中低收入人群大、地域广,小额信贷瞄准存在巨大金融需求的农村金融市场,以中低收入家庭和农村农户为服务人群,具有广泛的市场发展空间。对商业银行而言,应充分认识到农村金融市场所蕴含的巨大潜力和非政府组织小额信贷机构多年积淀的优势和声誉,加快自身与小额信贷组织之间批发贷款合作模式的试点工作,尽快建立起一套针对小额信贷组织的风险识别制度,一旦政策允许,将那些经营状况良好的小额信贷组织列入其批发贷款客户范围之内。

第三,非政府小额信贷机构加快自身建设。非政府组织小额信贷机构的健康发展不仅需要金融政策的放宽,更需要其自身的突破。非政府组织小额信贷机构应加快小额信贷技术创新,提高自身经营利润率,加强自身制度建设,强化财务报表与计算机信息系统建设,完善报告与反馈制度及内部员工业务培训等方面,以进一步提高自身对国际组织和商业银行的吸引力。

7.2.2 鼓励和支持 NGO 扶持的妇女发展协会健康发展

一是建议加快小额信贷政策方面的研究,尽快出台有关法律法规等来规范管理 NGO 扶持的小额信贷机构工作。

二是建议政府提供一部分资金委托 NGO 组织管理发放,以改变其资金严重不足的局面。

三是建议国家加大对不以营利为目的的 NGO 小额信贷的宣传鼓励和大力扶持,促进普惠式小额信贷的健康发展。

四是成立公益性小额信贷批发基金。针对农村合作金融组织和各类新型农村金融机构及小额贷款公司的资金规模小、壮大难的问题,建议以政府为主导,采取专项财政拨款等方式成立公益性小额信贷批发基金,为各类发放公益性小额信贷的金融组织提供资金支持。

7.2.3 组建"政策性农户小额信贷公司"

以政策性信贷解决贫困农户融资问题,可以充分体现社会公平。具体架构及运作机制为:

①市场准入

参照《小额贷款公司管理办法》(试行),通过各省(自治区、直辖市)金融办解决其机构的合法性问题,结合小额贷款公司和《农村资金互助组织管理办法》及其指引,制定《政策性贫困农户小额贷款公司管理办法》,赋予其政策性专业贷款组织的地位,使其以合法机构的身份经营金融业务。

②运作机制

一是以贴息和接受捐赠为资本金来源,实行省、县、乡多级经营模式,借鉴原有扶贫合作社与农业发展银行合作的"两线管理"运作模式经验,经营到户贷款,解决农户贷款难问题。二是允许其以自有资金(贴息、接受捐赠等)和承贷商业银行信贷资金(或借入人民银行支农再贷款)发放到户贷款。三是建立合格的干部队伍和合理的约束激励机制。规定工作人员一律由扶贫干部担任,并从分配大学生中优先选配、梯次补充,实行任期制,任期业绩纳入干部考评,并与评先、提级、提职挂钩;在明确规定综合费用率的前提下,工资按扶贫干部工资标准从政府领取,同时执行原有的"双五"(即本金的5‰、利息的5%)补助;在自愿原则下建组并鼓励党员、干部出任中心组组长,对违约贷款征收资金占用费,并将一定比例用于对中心组组长和带动小组成员创收还贷人员的奖励。四是建立呆滞贷款补偿制度和呆账贷款核销制度。在组内设立风险基金的基础上,设定贴息的一定比例作为呆坏账准备基金,并与贴息一起纳入财政预算,综合考虑呆坏账基金的增减与贷款的发放进度,作为后期或来年贴息预算(追加)的制定依据。五是建立承贷承还与委托贷款结合、总户和分户存折(卡)结算方式结合的贷款模式,委托手续费计入营业成本,消除因利差倒挂造成的亏损。六是建立纪检监察审计定期监督机制和贷款事项公示民主监督制度,建立信贷小组组内互相监督、违约责任追究机制,防范道德风险。

7.3 积极推进商业性小额信贷改革

商业性的小额信贷公司是中国小额信贷运动向可持续发展的标志。商业性小额信贷公司的成立和发展壮大,可以增加对低收入人口、微型企业和小型企业的贷款和其他金融服务,增加农村金融市场的竞争,促进信用社和城市商业银行的改革,并且为民间资本进入金融市场打开一条通道。

7.3.1 找准定位，总体规划，推动小额贷款公司科学发展

一是加大对发展小额贷款公司的目的、意义、重要性和相关知识以及政策的宣传。发展小额贷款公司在健全金融服务体系、引导规范民间金融、拓宽融资渠道、优化金融资源配置等方面意义重大。首先要注意的一个问题是，不能把商业性的小额信贷公司完全变成民间金融的翻版，不从事真正的小额信贷。通过大力宣传，营造社会各阶层都来关注、关心、参与小额贷款公司建设的良好氛围。

二是找准小额贷款公司的市场定位。小额贷款公司是金融体系的“毛细血管”，小企业和“三农”是其生存发展的土壤，灵活高效是其制胜的法宝。急功近利的城市化、非农化、大额化、集中化经营不仅是避长就短、自断后路的做法，而且有悖于发展小额贷款公司的政策初衷，也会逐渐失去赖以生存发展的市场。所以，小额贷款公司应坚持服务“三农”和小微企业的根本宗旨和“小额、分散”经营的原则，以“三农”和微型企业为主要服务对象，着力扩大客户数量和服务覆盖面。

三是坚持科学发展观。小额贷款公司与市场经济其他新生事物一样，有着自身的发展规律。所以，要按照“总体规划、合理分布，因地制宜，区别对待，先试点、后推广”的工作思路，根据当地经济发展、市场需求和地域特点确定小额贷款公司的数量、规模和进度，确保质量和效率，切忌盲目、过快扩张。

7.3.2 拓宽小额信贷公司融资渠道

信贷资金有限是制约小额信贷公司持续发展的直接因素。然而，在贫困面广大、贫困程度深重的情况下，要弥补小额信贷资金巨额缺口全靠公司股东自身资金投入是行不通的。为了拓宽小额信贷公司的融资渠道，应该通过地方政府的积极协调，进行如下两个方面的努力：

一方面，可以充分发挥政策性银行和商业性银行的力量，比如，通过提供批发贷款或者再贷款的方式来提供借贷资金。这不仅是小额贷款公司开辟后续资金来源的一个重要渠道，也是民族地区农村资金回流的有益尝试。

另一方面，可以充分发挥非政府组织如各种基金会的作用，积极争取国

际、国内组织和个人更多的项目资金支持和捐赠资金。

同时,要开辟微型金融后续资金来源渠道,还可以采取的举措包括:一是在合理控制风险的前提下,协调银行业金融机构对小额贷款公司的融资提供支持,适当放宽融资限制,如可享受金融机构的同业拆借、再贷款资格,拓宽微型金融组织的后续资金来源,保障其健康、可持续发展。二是实现股东结构多元化,采取多种形式扩大股本金来源,逐步放开微型金融领域的资金价格管制。

7.3.3 加强培训,增强实力,完善制度,不断提升小额贷款公司自身的素质

政府、金融办作为主管小额贷款公司的主管部门,应积极同各金融机构或金融机构培训中心搭建合作培训业务平台,对小额贷款公司所有从业人员开展系统性、实战性业务培训,使其通过考试取得上岗资格。

一是加强政策、法律、道德、理论、业务的教育培训,提高人员的综合素质。二是通过扩大原始股本金来源、解决资金融入困难、加快批发贷款渠道建设等措施,增强小额贷款公司实力。三是建立健全包括组织管理、业务操作、风险控制、激励机制、考核制度等在内的一系列全面系统、科学高效、可操作性强的经营管理体系。

7.3.4 健全和完善相关政策法规,引导小额贷款公司规范发展

对非存款类的小额信贷公司,应实行非审慎监管。要有监管的主体和监管责任。对于非法集资和变相吸收存款的小额信贷公司要坚决给予取缔,从而维护社会的稳定和其他小额贷款公司的利益,使商业性小额信贷的试点得以顺利进行。要监督小额信贷公司的业务,使其主要从事为低收入阶层和微型、小型企业提供金融服务的业务。

小额贷款公司是在工商部门登记注册的企业法人,这与银行等正规金融机构有着巨大区别,小额贷款公司的营业制度与银行又有相似之处。对于小额贷款公司的一些制度设立和运作可参照对商业银行的相关规定,如参照《商业银行市场风险管理指引》《商业银行操作风险管理指引》《商业银行内部控制评价试行办法》等审慎性监管规定要求,建立健全贷款管理和内

部审计制度，制定风险应急处置预案，有效加强内控风险管理。计提呆账准备金参照财政部《关于印发〈金融企业会计制度〉的通知》（财会［2001］49号）、《金融企业呆账准备提取管理办法》、中国人民银行《贷款风险分类指导原则》《银行贷款损失准备计提指引》和中国银监会《商业银行风险》等规定办理。小额贷款公司参照执行《金融企业财务规则》（财政部令第42号）的规定，建立健全企业财务、会计制度。

7.3.5 加大对小额贷款公司的激励与扶植力度

小额贷款公司成功与否，取决于能否使小额信贷公司主要向微型企业和小型企业发放贷款。应该建立一种机制，使运行良好的小额信贷公司可以比较容易地得到批发资金，从而激励小额信贷公司为微型企业和低收入阶层提供贷款服务。为了使小额信贷公司不偏离服务微型企业、服务“三农”的方向，可以采取如下措施：对小额信贷公司提供必要的技术支持和培训，使其掌握向小微企业和农民发放贷款的技术，认识到发放小额贷款既可以服务“三农”和微型企业，又可以赢利；鼓励小额信贷公司在向“三农”和微型企业贷款的同时，发放一部分城镇的贷款和小型企业的贷款，向不同的行业发放贷款，从而控制贷款风险；我们还要帮助运营好的小额信贷公司解决其后续资金问题，用批发资金和再贷款鼓励小额信贷公司发放小额贷款和农业贷款。

应给小额信贷公司一定的预期，在它们合法经营，支持“三农”和微型企业，并满足一定的条件后，在今后条件成熟时，可以向它们适当开放其他的金融产品和服务，包括存款服务，从而使其转变成专门为低收入阶层和微型、小型企业服务的穷人银行。

目前小额贷款公司的营业税和所得税等同于一般企业。总体税负在30%左右。如果能得到财税优惠政策，公司对农户和小企业的贷款利率完全可以适当下调。建议对小额贷款公司采取税收减免政策，可参照国家对农村信用社等涉农金融机构的相关政策，在税收减免、财政补贴等方面给予适当扶持，使其降低运营成本、提升营利水平。对小额贷款公司的合规性经营可进行适当鼓励。如合规经营8～10年，可允许其扩大经营规模向村镇银行转制。如天津规定在2010年年底前，小额贷款公司符合合规经营、风险防范标准要求的，年末贷款余额每增加1亿元，由市财政资助15万元；小额贷款公司自开业年度起，由同级财政部门前二年全额返还营业税，后三年减半返还营业税；自获利年度起，由同级财政部门前二年全额返还企业所得税地方分享部分，后三年减半返还企业所得税地方分享部分。

7.3.6 推动小额贷款公司加入征信系统

一方面进一步改善金融生态环境，加快农村信用工程建设；另一方面相关部门应积极探索和研究小额贷款公司介入人民银行征信系统的方式、方法及相关管理措施，应将符合条件的小额贷款公司加入人民银行征信系统。

第一，加快推进小额贷款公司加入征信系统的立法工作。尽快修改相关法规和管理制度，明确小额贷款公司加入征信系统的合法性和强制性。在法律层面上，明确对小额贷款公司资信收集的程序和信息披露范围，明确小额贷款公司的权利、义务，保障信用信息的依法采集和使用。

第二，积极引导小额贷款公司改进管理水平。属地人民银行要主动加强与小额贷款公司的沟通，加强对其业务指导，引导小额贷款公司自身按照“先建立健全管理制度、做好数据报送，再开通查询用户”的征信系统接入原则，积极加快信息管理系统建设，从软、硬件等方面做好接入准备，从而尽快实现信用信息共享。

第三，建立方便、快捷的查询服务方式。为满足小额贷款公司在不同技术条件下的多样性查询要求，征信系统可向其提供专线、柜面服务等多种查询方式。对于有条件参加征信网建设的小额贷款公司等，可通过专线方式，提供实时查询服务；对于暂无条件的，可通过柜面方式作为使用会员进行查询，或采取以传真、邮寄、柜台查询等方式获得客户的信用报告。

第四，提高征信产品质量。从长远来看，为使加入征信系统能够切实降低小额贷款公司的资金风险，引导其资金投向“三农”、小微企业和其他社会经济发展薄弱环节，必须不断加强征信体系建设，丰富征信产品种类，提高征信信息的决策参考价值。

7.3.7 推动小额贷款公司金融产品创新

小额信贷公司需要金融产品和金融工具的创新，能不能根据当地情况进行金融创新，是小额信贷公司能否成功的关键。

7.4 多措并举促进互助资金的发展壮大

7.4.1 广泛深入宣传，引导群众入会

大力宣传贫困村互助协会的意义、性质和运作模式，详细讲解资金的来源、管理、使用等规章，使群众充分认识实施贫困村互助资金项目的必要性和现实意义，消除群众的疑虑和担心。广泛宣传通过贫困村互助资金带动出现的致富典型，让事实说话，充分调动群众的入会积极性，真正做到"民有、民用、民管、民享"，促进互助资金走上"周转使用、滚动发展"的良性运行模式。

7.4.2 加强人员培训，提高管理水平

一是充分发挥好大学生到村任职作用。应将当年到村任职的大学生村干部安排到试点村工作，改善村干部文化、年龄结构，提升村干部素质。

二是要重视和加强对协会管理人员的业务培训，尤其是财务人员的培训，把培训作为一种制度，坚持每年至少举办两次业务培训，尽快提高互助资金和协会管理人员业务技能，进而提高协会的管理服务水平，特别是县扶贫和财政部门要加强检查监督，及时纠正不规范操作，增强风险防范意识，降低潜在风险。

7.4.3 扩大试点范围和资金规模，提升互助资金覆盖率

一是建议各级财政部门在当年财政预算中适当安排一定比例的扶贫资金，壮大互助协会的资金实力，更好地支持贫困农户的生产发展和脱贫致富。二是建议当地财政部门每年从预算支出中拨出一部专项资金用于互助社业务管理费开支，以缓解其资金规模小、业务开支矛盾突出的问题。

中央财政应加大扶贫资金的投入，鼓励贫困村建立互助资金协会，鼓励农户积极入股，引导和激发农牧民的主体意识、参与意识，提高贫困农民自主管理、自我发展、团结协作、脱贫致富的能力，使扶贫资金发挥最大的作用和效益。同时，积极广泛宣传，组织和动员社会各界无偿捐赠资金，增强互

助协会实力，扩大协会资金规模，以加快农民脱贫致富步伐。

7.4.4 尽快建立完善互助资金协会风险补偿保障机制

各互助资金协会每年应严格按照《贫困村互助资金试点操作指南》提取风险准备金，加强对互助资金的经营和管理，提升风险补偿和防范能力，发挥好互助资金的作用。此外，当地金融机构要时刻关注互助协会的发展状况，深入协会开展金融知识和信贷业务培训，及时了解会员农户的金融服务需求，对在互助协会支持下脱贫的会员要及时跟进，进行信用等级评定和授信，提供大额贷款支持，做好信贷服务。

7.4.5 加强风险控制，促进持续发展

建立健全一套科学、完整的互助资金监督管理体系，完善村民资金互助组织内部管理制度，加强管理，规范运作，防范资金风险，防止合作组织异化。积极做好村民资金互助组织管理监督人员的培训工作，提高他们的业务素质和管理水平。做好对农民的宣传和培训工作，提高农民民主管理能力，促进村民资金互助组织的良性发展。确保贫困村互助资金试点工作的持续、健康发展。

互助资金协会要根据本地贫困农村的实际情况，完善监督机制，建立一套严谨的审批制度、管理制度、民主监督制度、风险保障制度等，防止互助协会演变成过去的“农金会”，使互助协会既能保证国家扶贫资金的安全，又成为农民脱贫致富的好帮手。

7.4.6 创新互助资金发展模式

在实践发展中还需要进一步拓宽思路，打破区域限制，从全局出发思考村级资金互助社的进一步发展。从政策角度来看，要强化示范引导，创新贫困社区互助社发展模式。各级政府应进一步提高认识、强化宣传、要注重发挥示范作用和财政资金的引导作用，做到成熟一个村、发展一个村。按照体现“民有、民用、民管、民受益、互助合作、周转使用、滚动发展”的要求，最大限度地方便社员的生产生活。同时加强横向合作，将资金服务、技术与信息服务、保险服务等有机整合，强化与地方政府、经济合作组织等部门的合作，

共同建设技术和信息平台，探索更大范围的“参与式”扶贫方式。

从基层实践来看，要切实转变观念，开展多形式、多环节的合作。村支两委在办好扶贫互助合作社的基础上，发展多种形式的新型合作经济组织，尽快脱贫奔小康。可以在现有“1 + 1”生产和资金合作模式的基础上，发展多种形式的合作，如可以发展生产合作 + 土地流转合作、生产合作 + 购销合作、生产合作 + 农产品加工合作等模式。或在基层合作的基础上，突破村、乡行政区域，发展县、乡联合社或行业协会。通过行业协会的举办，可以形成较大的商品生产经营规模，掌握市场行情，在更大范围内从事经营活动。此外，还可以在专业合作的基础上，成立综合性合作社或社区性合作社，使合作社在社区范围内为社员提供更多的合作和服务，如社区文化、卫生等方面的服务等。通过互助组织之间的合作来共同发展项目，促进贫困社区农业产业化，逐步打破行政区划限制，让更多贫困农户与企业、社会团体走到一起来，建成一个风险共担、利益共享的联合互助体，以乡为单位成立互助资金联合会，县成立联合总会，开展大互助，促进大和谐。

7.4.7 规范资金互助社的财务管理

第一，强化财务监督。完善内部控制，努力防止内部人员控制资金互助组织，要突出管理的民主性、透明度，要充分赋权于民，切实让农户参与互助资金的管理和监督；坚持定期公开账目，落实好民主理财制度，把集体财务活动置于群众监督之下，将报表所表达的意思详细传达给入社农户；强化业务监督，县级财政等部门要建立有权威的审计组织，定期对贫困村互助资金财务进行监督检查，促进互助资金财务管理规范化建设。

第二，完善财务硬件设备，强化风险控制。一方面，强化风险控制，要解决财务硬件落后的问题。购买一些财务设备，如保险柜、电脑、财务软件等，通过电脑软件来监测和控制可能出现的资金风险，从而杜绝呆账坏账的发生，有条件的互助资金组织可以实行会计电算化；另一方面，完善资金管理机制，制定呆坏账处理预案，强化互助资金组织风险准备金制度，如提取10%的风险准备金，用风险准备金来应对可能出现的呆坏账；加强对财务人员的风险教育，使他们树立风险意识观念，明确互助资金的责任主体。

第三，加强财务指导和提高财务人员素质。县级财政部门要加强对互助资金财务管理的指导，规范村级互助资金组织的财务管理业务流程和操作方式，引导互助资金财务管理人员向正规金融机构学习，学习他们的业务管理流程；定期组织财务会计人员进行培训，提高财务管理人员的业务素质和水平，必要时通过引进人才来解决农村资金互助社人才匮乏问题，使资金互助组织的财务管理水平向正规金融机构靠近。

第四，制定财务人员激励与惩罚措施。互助资金组织财务管理问题的出现，原因之一就是财务人员的积极性不高。采取有效的内部激励机制，使得有人愿意从事互助资金的管理工作，当财务人员出色地完成某项工作，比如，一年当中在财务管理中没有出现任何问题而且严格按照财务制度规定执行，就应该给予一定奖励，如奖状；另外，如果财务人员在贫困村互助资金财务管理过程中有违规违纪行为，如挪用公款、公款私存等违规行为，应予以坚决处罚。就挪用公款而言，在追回公款的同时给予违规财务人员 50～1000 元不等的罚款，同时给予其行政处罚，严重者可直接开除。

第五，提高财务管理效率。贫困村财务管理人员要加强互助资金的筹划，在资金正常周转与资金最大化效益之间达到平衡，既满足更多农户对资金的需求，又能够避免资金周转困难的局面，更好地发挥互助资金与生产合作相结合的优势，提高财政扶贫资金的使用效率，切实提高农户收益；另外，在财务管理过程中要力争减少办公成本，能用两次的资源坚决不使用一次就扔，立足于集体利益，尽量减少运行成本，提高互助资金的收益。

7.5 创新金融服务产品，提高农村金融服务水平

中国农村小额信贷运行的自然环境、社会背景以及经济条件，不同于孟加拉国格莱敏银行的状况。因此，由于早期的贷款条件主要由格莱敏银行移植而来，中国农村小额信贷的贷款条件应该加以调整。

7.5.1 因地制宜，合理规定贷款额度和期限

贷款额度上，建议发达地区可提高到 10 万元至 30 万元，欠发达地区可提高到 1 万元至 5 万元；联保贷款额度可在信用贷款额度的基础上适度提高；对生产规模大、经营效益佳、信用记录好、资金需求量大的农户和农村小企业，贷款额度可再适当调高。在贷款期限上，根据农业季节特点、生产周期和贷款用途以及借款人综合还款能力等合理确定，允许用于传统农业生

产的小额贷款跨年度使用;对温室种养、林果种植、茶园改造、特种水产(畜)养殖等生产经营周期较长的贷款,期限可适当延长。

要适度扩大贷款额度,延长贷款期限,调整偿还频率,提供多样化的贷款产品——偿还时间可以固定,也可以变化。同时,要进一步改革机构管理,降低经营成本,以此来降低利率。

建议针对农业产业结构调整中非传统农业占比逐步扩大的实际情况,将贷款期限延长为2~3年,以顺应农业发展趋势,拓宽农民对贷款量的需求。

建议取消对农户小额信用贷款的额度限制。由当地人民银行、银监局和农村信用社,根据区域农业经济发展和农户承贷能力,确定不同时期的贷款额度,在报上级主管部门批准后实施,以消除政策统一性与区域差异性之间的矛盾,扩大农户小额信用贷款的投放面和投放量,实现零星扶持向规模扶持的转变,推动农业产业化进程。

7.5.2 进一步扩大农户小额信贷的投放量和覆盖面

进一步扩大农户小额信贷的投放量和覆盖面。一是农村信用社要将发展小额信贷业务作为实现"富农兴社"和实现自身长期可持续发展的重要工作,切实加大农户小额信贷的投放力度。二是要将发放农户小额信贷与建设信用村(镇)工作区别开来。农户小额信贷可以全面推开,但信用村(镇)建设必须循序渐进。若将两者简单结合在一起,不仅会使信用村(镇)创建工作流于形式,而且会影响农户小额信贷的发放进度、投放数量和覆盖面。因此,当前工作重点应放在扩大小额贷款投放数量上。

建立农业贷款项目保险机制。这样做不仅符合保险条款,而且可以消除农民投资和农村信用社贷款的后顾之忧。

在农户小额信贷的利率定价方面要因地制宜,灵活操作。在经济发达、农民素质高的地区实行差别利率,以信用激励促使和加快和谐金融生态环境的建设,推动利率市场化进程。在经济落后、农民素质差的地区,由当地人民银行和信用社根据农民的承受能力,确定执行统一利率,以防止利率定价过高、农民负担增加现象的发生。

要发挥农业银行、农村信用社、农村储蓄银行等传统金融机构实力雄厚、管理科学、经验丰富的特点,在加快农业现代化、支持贫困地区骨干企业、落实贫困地区重点建设项目、促进落后地区经济发展等多方面发挥“主力军”作用。继续大力发展村镇银行、农村资金互助社等新型农村金融机构，规范发展小额贷款公司等农村小型金融组织。因地制宜推动金融产品和服务方式创新，较好地适应贫困地区和贫困人口对金融的多样化需求。

7.5.3　继续探索扩大有效担保物范围

继续探索扩大有效担保物范围。例如，陕西平利县信用联社将贷款抵押担保物范围扩大到土地经营权、房产、加工机械设备等，截至 2011 年年末，平利县农村信用社向 6 户土地流转大户发放贷款 10008 万元，发放 250 户农户农房抵押贷款余额 3744 万元。一定程度上缓解了农户“贷款难”的问题。宁陕县农村信用社开展林权抵押贷款试点，截至 2011 年年末，累计向 320 户农民发放林权抵押贷款余额 1130 万元。创建农村融资平台。汉阴县成立了利民养殖信用协会，宁陕县江口镇新铺村成立了妇女发展基金会，汉滨区、旬阳县两家小额贷款公司扩大了对农民的授信范围、授信额度和融资渠道。引导金融机构创新信贷产品。推出了“库存产品质押贷款”“家家乐农户小额信用贷款”“能人创业贷款”“订单农业贷款”“农机具消费贷款”“农户建房贷款”“庄园经济贷款”等十余种新的金融产品，有力地帮助了农民脱贫致富。

7.5.4　加快农业保险体制创新，促进农户小额信贷持续发展

农业是弱质产业，要研究制定发展农业保险的扶持政策，在资金、税收等方面给予一定的优惠政策，建立和完善农业保险体制；要研究制定农业保险补贴办法和补贴标准，对经营农业保险的商业保险公司和农村互助保险组织的经营费用给予补贴；完善农业保险制度，扩大农业险种，有效分散和降低农业风险，发挥保险的经济补偿功能。加强政府引导，构建政策性农业保险和商业性农业保险相结合的机制，对参加保险的农户给予一定的保费补贴。通过政策引导和财政补贴等方式，促进农村保险业特别是农业保险的发展，推动农村保险代理、“保险 + 信贷”等新型金融业务的开展，实现农村信贷服务与保险服务的有机结合和互动发展。

建全风险分担机制，加快农业保险在西部地区的推广与创新步伐。在

农村地区大力推行农业意外保险制度，增加分担风险的主体，助推小额信贷业务的发展。一是结合西部欠发达地区农村经济结构特征、农村金融市场状况以及农业自然灾害特点，积极探索建立以政府出资具有区域性和政策性的农村保险机构，或者探寻吸引民间资本进入农业保险领域。二是科学设计保险品种、合理厘定保险费率，建立涉农投保财政补偿机制，提高农户和农村企业的参保积极性。农业保险机制的介入，将有利于防范和化解涉农金融机构的信贷风险，助推小额信贷的开展，提高金融供给水平，实现农村经济与金融的协调发展。

7.6 完善监管制度

7.6.1 确保小额信贷机构有独立的法律地位

中国大规模的政府运行的小额信贷项目是失败的，主要是由于高补贴以及无视小额信贷的基本原则。然而，小规模的非政府组织经营的项目，其资金来源于外部捐赠，却相当成功，偿还率几乎达到100%。然而，除了政府项目的扭曲效应外，非政府组织机构同样面临着中国对小额信贷十分严格的法律与管制框架问题。这些法律与管制约束可以分为三类问题：即小额信贷机制不确定的法律地位，对集资与动员储蓄的限制以及利率管制。

中国金融机构从业资格基于1995年的《商业银行法》与1997年《农村信用合作社管理规定》。通过这两部立法与规定，中国的商业银行、农村信用合作社享有明确界定的法律地位。另外，小额信贷项目通常由国际非政府组织与当地政府金融研究机构合作，没有受到这些管理约束。非政府组织主导的小额信贷项目要取得明确的法律地位，唯一的办法是申请银行业从业资格，然而，经营规模小、业务主要集中于贫困客户的特点，使它难以满足从业要求。从而，这种选择方法被排除了。此外，非政府组织必须向民政部门登记，并接受其监督。在中国，对小额信贷机构的这种监管的结果是，由于经营的法律不确定，仍被视为试验性的临时机构。缺乏法律地位，使小额信贷机构完全暴露于不断变化的政治因素与政府介入中，极易遭受较高风险。在此环境下，现有项目的成功扩张，以及新的小额信贷机构的进入显得不大可能。除此之外，缺乏合法地位意味着没有针对小额信贷机构的监督政策。而这对保护小额信贷机构客户免遭不公平的贷款实践意义重要。由于小额信贷在大多数国家尚属新现象,特别在中国,在小额信贷运动的早期阶段,审慎的立法与管制环境是可以理解的。然而,其成熟的过程同样必须伴随一个更加持久的框架,以确保小额信贷对削减贫困有持续作用。在中国,最迫切的需要是,确保小额信贷机构有独立的法律地位,银行业从业资格的较低要求,并为小额信贷经营建立标准的监督办法。

7.6.2 强化监管与服务,为小额贷款公司发展创造良好环境

明确小额贷款公司的监管机构,避免"多头负责、无人负责"的局面。省级政府主管部门必须切实履行责任,加强对小额贷款公司的监管,坚决杜绝只批不管的现象发生。建立相应的监管协作机制,即建立由省金融办、人民银行、银监局、工商、财政等部门共同参与的联席会议制度,定期或不定期召开相关监管部门负责人会议,共同研究小额贷款公司经营中存在的问题,联手实施监管。制定关于小额贷款公司的监管实施细则,消除监管盲点。监管部门应对小额贷款公司的发展进行科学规划,严格小额贷款公司的审批与管理,避免过热发展及地方政府利益主导下的过度增长。由于资金来源有限,小额贷款公司成立后为了吸收资金,有可能触及变相吸收存款和变相非法集资这两条高压线,最后导致系统性风险出现。因此,小额贷款公司的股东一定要是有实力的企业或有风险承担能力的个人。因此,必须要严格审查股东资格,尤其是第一大股东,把好准入关。

目前,人民银行正在探索"两管理、两综合",加强金融机构管理与服务工作,建议将对小额信贷公司的管理纳入其中,一方面为小额贷款公司各项业务的正常开展和合规运行提供基础技术保障,另一方面做好日常管理与服务、重大事项(事件)报告两项工作,第一时间了解和掌握各种风险因素和突发事件,以争取充分的应对时间,最大限度地降低金融风险扩散的可能性和事后风险处置的成本,维护经济社会稳定。可以借鉴天津市金融办对小额贷款公司的风险管理模式:采取风险提示、约见谈话、监管质询、责令停办业务等措施,督促整改,防范资产风险,并可适时采取下列监管措施:对不良贷款率在2%以下的,可适当减少现场检查频率,支持其健康发展;对不良贷款率在2%以上的,加大非现场监管和现场检查力度,并督促限期改善资产质量;对不良贷款率高于5%的,有权责令调整高级管理人员、停办所用业

务、限期整改；向两家以上银行业金融机构或其他组织、个人借入资金的，可建议工商部门吊销小额贷款公司的营业执照。

此外，还需要从以下方面着手：

一是明确界定小额贷款公司"金融企业"或"非银行类金融机构"的性质，为小额贷款公司履行被监管义务和金融监管部门履行监管职责提供依据。

二是强化小额贷款公司业务监管。一方面，要将小额信贷组织纳入金融监管框架内，明确监管主体；另一方面，应根据小额信贷组织的类型、业务范围以及风险大小等因素，设定不同的监管方式，对只贷不存的小额信贷组织，不必适用复杂的谨慎监管规则，可本着"自我约束、自我管理"的原则进行非谨慎监管，对各项监管指标，如资本充足率、存款准备金率、流动性比例等，可相应地降低标准。同时，要结合小额信贷组织的机构类别、业务范围等，设定不同的常规性监管制度。

三是加快征信管理系统建设步伐。加大资金、技术投入，加强协调协作，尽快将小额贷款公司纳入信贷征信系统管理，早日发挥征信管理系统对小额贷款公司的监管与服务功能。

四是实行合理的税收制度和风险补偿制度。根据小额贷款公司的承受能力和经营特点确定合理税收种类、方式和额度，适当减免营业税和所得税。建立风险补偿制度，对涉农贷款资金给予适当的风险补偿。

7.6.3 引入第三方评级机构对小额贷款公司进行信用评级和监管

可借鉴广东省江门市的做法，政府每年安排财政专项资金10万元，由市金融局聘请一会计师事务所，对小贷公司进行独立监管审计，每半年一次，并将审计报告定期向辖区银行机构公布。这样一是有效发挥中介机构的技术优势和监督作用，确保审计工作的独立性和客观公正性。二是促进金融机构与小额信贷公司加强合作，开展批发贷款业务。三是及时发现问题并推进整改解决。四是弥补监管人力的不足，缓解监管压力。五是增强了小额信贷公司的规范经营意识。

7.6.4 逐步放宽对农村金融的管制，加快利率市场化步伐

一是大力引导国内各类中小股份制商业银行直接参与或通过组建村镇

银行等方式参与农村市场的小额信贷业务竞争，以加速打破目前农村信用社(农村商业银行)对小额信贷定价的主导权。二是金融机构在经营小额信贷业务过程中，针对部分贫困农户和中低收入农户开展的小额信贷业务，在利率定价方面，可在覆盖风险和经营成本的前提下，通过让渡一部分目标利润，切实让这部分弱势群体能够享受较低成本的金融服务。三是政府和相关监管部门出台措施和考核办法，对发放政策性小额信贷的农村金融机构，在财政、税收方面给予一定补贴和奖励，以有效调动金融机构对弱势群体提供小额信贷业务的积极性。

7.6.5　培育小额信贷活力和后劲，确保其可持续发展

一是要完善政策性与商业性相结合的小额信贷。应建立完善政策性与商业性小额信贷运作体系。坚持金融创新，规范和寻求适宜的监管方法，营造有利的内外部环境，培育专营小额信贷业务、市场化运作的小额贷款组织，引入竞争机制，提高经营效率，促进小额信贷按市场化、产业化方向良性发展。二是大力发展专业小额信贷组织。对现有各类小额信贷机构，视具体情况，采取区别对待的政策，经过调整或改造及完善，符合条件的，允许合法存在并给予金融支持；不符合条件的，做好退出工作。对小额信贷业务开展较好的商业银行、农村信用社，专设小额信贷部门，针对城乡居民及小微企业特殊的财务、经营状况，制定特殊的规则和操作程序，享受一定的政策扶持。三是建立多元化的小额信贷资金投入机制。关于小额信贷的资金来源，最终需要通过市场化运营来解决，即通过一定的政策支持，促进小额信贷走上市场化运作轨道，吸引各类社会资金投入小额信贷中。

7.7　推进城镇下岗失业人员小额信贷发展

7.7.1　加大对担保基金的资金支持力度

经济欠发达地区的地方财政困难，下岗失业人员多集中于大中型工业企业、县域中小企业，建议国家考虑以中央财政转移支付的形式加大对担保基金的资金扶持力度，特别是支持尽快扩大县域担保基金，扩大再就业小额

担保贷款扶持范围，缓解下岗失业人员再就业压力。财政担保基金要充分体现政策的扶持和引导作用，应承担相应的风险损失，不能因防范风险而过度限制贷款人条件。贷款担保机构要完善风险补偿机制，提高损失承担比例，增强银行信贷投入的积极性。

7.7.2 实行一定的激励政策，提高贷款行积极性

下岗失业人员再就业工作是关系下岗失业人员基本生活保障的大事，是国家重视、社会关注的热点和难点问题，也是维护改革开放大局、实现国家长治久安、全面建设小康社会的一项长期战略任务和政治任务。因此，可以借鉴助学贷款的一些做法，在不良贷款考核、呆坏账核销、信贷责任追究等方面给予商业银行一些特殊政策，减轻商业银行对贷款风险和贷款责任的后顾之忧，调动其放贷积极性。同时，在贷款发放时，应按贷款额给予手续费补助。在银行贷款到期安全收回后，按贷款利息的一定比例标准对银行进行奖励。

7.7.3 适当延长贷款期限，扩大贴息范围

下岗失业人员再就业大多从事微利项目，两年内还贷困难较大，建议适当延长再就业小额担保贷款使用期限，贷款期限由 2 年延长到 4 年。取消微利和非微利项目之分，对所有小额担保贷款均实行贴息政策，保证贴息资金及时到位，以减轻下岗失业人员的还款压力。

7.7.4 适当放宽担保条件

大部分下岗失业人员无法提供“反担保”，建议有关部门在积极采取措施、有效防范贷款风险的同时，适当降低放贷“门槛”，反担保所要求的风险控制金额原则上不能超过下岗失业人员实际贷款额的 30%。对真正诚实守信、经营有方但缺乏资金的下岗失业者，可以逐步取消反担保，使政策执行严而不僵、宽而有度，推动该项信贷业务健康、较快发展。

7.7.5 加大政府财政扶持力度

鉴于真正弱势群体的特殊性，对无法实现再就业者或再就业较为困难

者，建议政府要侧重用经济救济和优先提供公益岗位等手段，使其谋取生路；对大多数下岗失业者，政府要通过加强培训提高技能的方式，促进其尽快实现再就业；积极借鉴其他地区好的经验，不断探索创新小额担保贷款的发放管理形式，充分发挥政策作用。

7.7.6 加强协调配合

由人民银行牵头，建立人民银行、财政部门、劳动保障部门的定期联系制度。及时沟通相关信息，对开办下岗失业人员小额担保贷款过程中出现的新情况、新问题相互协商，尽快予以解决。人民银行、财政、劳动保障部门要加强沟通配合，进一步扩大贷款规模。当前要把加强创业培训和发放小额担保贷款有机结合起来。对创业培训合格的下岗失业人员优先为其提供担保并适当降低反担保条件，金融机构优先发放贷款。妇联、工会、团委等相关部门要结合自身特点，支持符合条件的下岗失业人员获得贷款支持。将目前零散的下岗失业人员个人的贷款行为转变为批量型的政府引导扶植行为，充分发挥各职能部门的合力作用。鼓励社区协助银行参与贷款的催收，按贷款收回额一定比例给予奖励。

7.8 完善妇女小额担保贷款

7.8.1 广泛宣传，为推进妇女小额担保贷款奠定思想基础

宣传到位与否直接关系到政策的执行效果。政府、金融机构要切实加强对惠民政策的宣传力度，通过印发宣传册、新闻媒体等途径广泛宣传政策要求和办理程序，使惠民政策深入人心。同时，要切实加强信用环境建设，营造诚实守信的金融生态环境，严格防范道德风险。

7.8.2 密切配合，形成推进妇女小额担保贷款的工作合力

各涉及单位和部门要通力配合，落实职能责任，切实提高审批效率。妇联部门要把好审查关，确保创业项目真实合规；财政部门要着力解决好担保基金和贴息问题，采取多种措施充实担保基金，并按时贴息，资金若不能到

位由地方财政先行垫付;人社、民政部门要合理归并、调剂各类惠民贷款和担保基金,充分发挥担保的放大作用,同时要根据当地实际,引导创业者合理选择项目,加大创业人员培训力度,帮助创业者提高创业技能;金融机构要积极参与贷款发放,并适当降低反担保要求,探索采取资质条件好的非公职人员或多户村民联保等形式反担保。

7.8.3 注重实效,确保妇女小额担保贷款支持妇女创业发挥作用

要制定有关政策,加大对妇女小额担保贷款发放后的后续跟踪监测工作,并不定期进行监督指导,贷款收回时应评估创业项目发展情况,确保国家扶持资金用到实处。根据监测评估情况,将工作开展情况与村支书、经办部门年薪和专项费用挂钩。

7.8.4 强化领导,为推进妇女小额担保贷款提供组织保证

各级政府要切实加强对妇女小额担保贷款工作的领导力度,将贯彻执行情况作为各县区政府、民政、社保、财政一项重要考核指标,促使和鼓励惠民政策的落实。同时,要将工作与"联村联户、为民富民"行动结合起来,广大干部职工在联户帮扶时要将政策传达到户,并积极为创业妇女申请贷款提供政策援助。

7.9 推进小额信贷对扶贫工作的支持

7.9.1 完善金融支持扶贫工作的政策层面

一是加大对扶贫开发优惠政策的宣传力度,降低准入门槛,积极引导包括外资、民营资本等社会资金进入扶贫开发领域,适当地加大政策补贴力度,以弥补政府扶贫资本的不足。二是对农村具有劳动能力的扶贫对象,根据不同情况给予贷款贴息、产业扶持、转移培训等方面的扶持,通过开发式扶贫促其脱贫致富。三是建立具有激励作用的小额贷款公司升级机制。对社区内的农民增收起到明显作用的小额贷款机构,建议设立升级为社区性中小银行的机制,鼓励小额贷款机构稳健经营、提高经营效率和加大支农力度。

7.9.2 完善财政投入与金融扶持衔接机制,发挥合力促进扶贫开发工作

一是探索建立财政支农资金与农村金融机构之间的对接机制。探索财政支农资金通过农村金融机构运作,以信贷的方式发放给农民,在提高财政支农资金使用效率的同时,更好地满足农民的资金需求,同时解决农村金融机构资金不足的问题,增强其资金实力和竞争力,提高资金回报率。二是继续完善信贷政策与财税政策的制度安排,为西部山区扶贫开发提供完备的制度支撑。创新与完善农村抵押担保制度安排。农村抵押物的选择应根据区域农村经济发展的不同特点来确定,而不拘泥于条文框框。采取农户多户联保、农户企业联保等多种形式的虚拟担保方式,从而提高农户间、农户与企业间的诚信度,增大农户申请并获得信贷支持的概率。

7.9.3 健全农村金融服务体系

一是鼓励金融机构在西部少数民族贫困地区乡镇设立金融服务点,建立完善的信贷管理方式,简化贷款报批程序和流程,争取更大的信贷管理授权,加大对少数民族地区扶贫工作的支持力度,支持人口较少民族和特困民族加快发展。

二是针对大型金融机构资金充足但基层网点少,小型农村金融机构资金匮乏但贴近农民、具备信息优势和网点优势的实际,建立大型金融机构与农村微型金融机构之间资金的对接机制,鼓励大型金融机构向农村微型金融机构发放委托贷款、批发贷款,形成资金对接。

三是加大金融资金投入力度。围绕当地骨干项目开发,做好金融服务支持。鼓励和支持贫困地区县域法人金融机构将新增可贷资金70%以上留在当地使用。继续实施残疾人康复扶贫贷款项目,落实农村妇女(青年)创业小额信贷优惠政策。加快实现贫困地区金融机构空白乡镇的全覆盖。积极发展农村保险事业。加大贫困地区基础设施建设、生态环境和民生工程等投入力度。全面落实国家在西部连片特困地区配套资金的政策。从重点项目入手,解决好饮水、行路、用电、基本农田等与群众生产生活密切相关的问题。坚持统一规划、群众参与、自愿搬迁、稳步推进的原则,以居住在边远山区以及水电路不通、资源匮乏、灾害频繁、生存环境恶劣的贫困户为重点,

坚持集中安置与分散安置相结合，移民搬迁与重点村建设、退耕还林、小城镇建设、产业开发等相结合，实行跨村、跨乡、跨县（市）进行异地移民扶贫搬迁，努力做到“搬一批人，退一片地，绿几架山，清一沟水，富一方民”。

7.9.4 引导民间资本进入扶贫工作领域

引导资金互助社等组织健康发展，推进农村金融机构股权结构的多样化，积极引导民间资本进入农村金融领域，最大限度地激活现有的民间资本，使资金重新流向农村，支持扶贫工作，起到城市反哺农村的作用。

7.9.5 加快扶贫开发地区农村信用体系建设

做好农村征信体系的试点工作，健全农户个人信用档案，广泛开展信用村、信用户评比活动和农户信用等级的评估工作，切实解决农户担保抵押难的问题，保障信贷扶贫资金的安全运行。

7.9.6 延长政策扶贫周期，加大贫困劳动力培训投资力度

一方面，建议国家将当前政策扶贫周期由两年延长至三年，为扶贫项目村和贫困农户争取充足的时间改善现状，避免返贫现象发生；另一方面，继续对初、高中毕业生实施“雨露计划”等职业教育和培训，并投入专门资金用于开展农村贫困劳动力实用技术培训和转移就业技能培训，加大对农村微型企业经营管理人员、农民专业合作组织带头人的培养，为贫困地区提供智力保障，推动扶贫开发工作持续、健康发展。

7.9.7 建立风险补偿基金，提高小额贷款投放积极性

农业天生的弱质性，需要建立农业生产尤其是农村小额信贷的风险分担机制。建立市、县两级财政，贷款银行共同承担的农村小额信贷风险基金，合理确定风险分担比例，有效处置贷款出现不良后产生的损失。同时，在不良贷款考核、呆坏账核销、信贷责任追究等方面给予贷款银行一些特殊政策，减轻贷款银行对小额贷款风险和贷款责任的后顾之忧，调动其放贷积极性。同时，在贷款发放时，应按贷款额和贷款笔数给予一定的手续费补助，有效降低贷款银行小额贷款管理成本。

7.10 优化金融生态环境，营造良好的小额信贷发展环境

7.10.1 优化农村信用环境

要科学制定农户信用等级评定条件和标准，严格按照规定的流程完成评级工作，要严格根据农户的思想道德品质、资产、资信状况、家庭经济收入、偿还能力等情况，建立起健全的农户信用档案，并进行动态管理，保证信用等级评定质量。对已评定的信用村（区）、信用户，要降低贷款利率，贷款的投放力度、规模、效率要明显优于非信用户。加强信用评级后续工作，通过跟踪监测、适时评判、深度分析，对评定情况进行动态管理，及时调整信用等级和授信额度，对不合格的信用村（区）、信用户要坚决取消其信用资格，同步推进农户小额信用贷款与信用村（区）、信用户评定工作。

7.10.2 加强诚信教育

将小额信贷的推广同改善农村信用环境相结合，通过强化对农民的诚实守信教育，开展创建信用乡镇、信用村、信用农户等活动，促进和增强农民信用意识，倡导信用兴农理念，营造讲发展、守信用的良好氛围，营造稳定、和谐的金融生态环境。为农户小额信用贷款推广工作创造坚实的诚信基础。大力宣传有关法律知识，增强农户的法律意识，使之形成讲信用的自我约束力。通过广泛深入的宣传，提高农民对推广小额信贷工作的认识，信贷人员要使农户了解和清楚小额信贷的性质和法律责任，使农户在思想上增强遵守法律的自觉性。

7.10.3 健全和完善优化农村金融生态环境建设的考核评价机制

落实奖惩措施，进一步加大基层政府和各有关部门对农村金融生态环境建设工作的目标考核力度，逐步形成优化农村金融生态环境的长效机制。各级政府部门要帮助金融机构做好落实债权、清收不良贷款等工作，有效保护金融资源产权所有者的合法权益，规范有关当事人的金融行为，使农户小额信用贷款和开展创建信用村工作得到全面推广。

7.11 发挥金融合力,协调政策引导与商业运作的关系

7.11.1 大力调动现有金融机构的积极性,充分发挥金融合力作用

应大力调动农业银行、邮政储蓄银行等大型金融机构的积极性,充分利用其突出的服务网点和网络优势,进一步推进农村金融产品和服务方式创新,发挥主力军的作用;完善相关法规制度,积极鼓励村镇银行、小额贷款公司等新型农村金融机构以支持"三农"发展为业务重点,严格按照规定按区域进行业务发展,防止资金脱离"三农"跨区域投放,大力支持本区域"三农"发展,对大型机构形成有效补充,充分发挥金融合力作用。同时,可以从正面激励和负面约束两方面来完善中国现行的《关于鼓励县域法人金融机构将新增存款一定比例用于当地贷款的考核办法》,加大对农村经济发展的资金投入。

7.11.2 积极协调政策引导与商业运作的关系,大力推动小额信贷快速发展

充分发挥财政政策引导和金融调控政策整体合力,调动商业银行金融创新动力是小额信贷快速、健康发展的现实需要。积极引导财政定向扶持政策与货币信贷调控引导政策有效对接,最大限度地发挥财政资金的杠杆撬动功能,提升金融机构商业运作执行绩效,是小额信贷发展的切入点和突破口。在以扶持下岗失业人员、大学生、返乡农民工等弱势群体的小额担保贷款方面,政府可以尝试在一定期限内通过提高小额担保贷款担保基金放大比例、贷款风险损失分担比例、取消贷款利率上浮限制等政策,通过建立利益引导和正向激励机制,鼓励商业银行加大对小额担保贷款的投入力度。在小企业贷款方面,可以考虑制定差别化的监管政策,在小企业贷款的存贷比考核、不良贷款核销等方面采取倾斜措施,提高商业银行的放贷积极性。全面做实民生金融主办银行制度,充分发挥民生金融主办行在各民生领域的主力军、先遣队作用,不断扩大民生金融覆盖范围,促进民生小额信贷由零售模式向批发模式的转变;积极推动大学生村干部创业富民与小额信贷体系相衔接,提升金融机构支持大学生村干部创业的主动性和积极性。

参考文献

[1]焦瑾璞,杨骏.小额信贷和农村金融[M].北京:中国金融出版,2006.

[2]罗剑朝.中国农地金融制度研究[M].北京:中国农业出版社,2005.

[3]杜晓山,张保民,刘文璞,孙若梅.中国小额信贷十年[M].北京:社会科学文献出版社,2005.

[4]Morduch, Jonathan. The Microfinance Promise[J]. *Journal of Economic Literature*, 1999, 37(4): 1569 – 1614.

[5]Varian, Hal. Monitoring Agents with Other Agents [J]. *Journal of institutional and Theoretical Economics*, March 1990, 146(1): 153 – 174.

[6]Tassel, Eric Van. Group Lending under Asymmetric Information [J]. *Journal of Development Economics*, 1999(60): 3 – 25.

[7]Ghatak, Maitreesh., Guinnane, T. W., The Economics of Lending with Joint Liability: Theory and Practice [J]. *Journal of Development Economics*, 1999, 60(1): 195 – 228.

[8]Maitreesh Ghatak. Screening by the Company You Keep: Joint Liability Lending and the Peer Selection Effect[J]. *The Economic Journal*, 2000, 110 (46): 601 – 631.

[9]Berger, Allen N.; Gregory F. Udell. Relationship Lending and Lines of Credit in Small Firm Finance[J]. *The Journal of Business*, 1995, 68 (3): 351 – 381.

[10]Ghatak, Maitreesh. Group Lending, Local Information and Peer Selection[J]. *Journal of Development Economics*, 1999(60): 27 – 50.

[11]Fedele, Alessandro. Joint Liability Lending in Microcredit Markets with

Adverse Selection: A Survey [R]. *Working Paper*, Department of Statistics, University of Milano – Bicocca, 2005, November.

[12] Conlin, Michael. Peer Group Micro – lending Program in Canada and the United States [J]. *Journal of Development Economics*, 1999(60): 249 – 269.

[13] Laffont, Jean – Jacques and N'Guessan, Tchétché. Group Lending with Adverse Selection [J]. *European Economic Review*, 2000(44): 773 – 784.

[14] Laffont, Jean – Jacques. Collusion and Group Lending with Adverse Selection [J]. *Journal of Development Economics*, 2003(70): 329 – 348.

[15] Guttman, Joel M. Assortative Matching, Adverse Selection, and Group Lending[J]. *Journal of Development Economics*, 2007, forthcoming.

[16] 让—雅克·拉丰,大卫·马赫蒂摩. 激励理论(第一卷):委托代理模型[M]. 北京:中国人民大学出版社,2002.

[17] Stiglitz, Joseph E. Peer Monitoring and Credit Markets. *World Bank Economic Review*[J]. 1990, 4 (3): 351 – 66.

[18] Ghatak, Maitreesh, Guinnane, T. W., The economics of lending with joint liability: theory and practice [J]. *Journal of Development Economics*, 1999, 60(1): 195 – 228.

[19] Prescott, Edward S. Group Lending and Financial intermediation: An Example[J]. Federal Reserve Bank of Richmond *Economic Quarterly*, 1997, 83 (4): 23 – 48.

[20] Besley, Timothy, and Stephen Coate. Group Lending, Repayment Incentives and Social Collateral [J]. *Journal of Development Economics*, 1995 (46): 1 – 18.

[21] Chowdhury, Prabal Roy. Group Lending: Sequential Financing, Lender Monitoring and Joint Liability [J]. *Journal of Development Economics*, 2005(77): 415 – 439.

[22] Laffont, Jean – Jacques and Rey, Patrick. Moral Hazard, Collusion and Group Lending [R]. *Working Papers*, 2003.

[23] Hermes, Niels. Lensink, Robert, and Mehrteab, Habteab T. Peer Monitoring, Social Ties and Moral Hazard in Group Lending Programs: Evidence from Eritrea [J]. *World Development*, 2005, 33(1): 149 – 169.

[24] Simtowe, Franklin and Zeller, Manfred. Determinants of Moral Hazard in Microfinance: Empirical Evidence from Joint Liability Lending Programs in Malawi [R]. *Munish Personal RePEc Archive (MPRA) Paper* 461, 2006.

[25] Alberto Bisin, Danilo GuaitoliMoral Hazard and Non exclusive Contracts[J]. *The RAND Journal of Economics*,. 2004, 35(2): 306 – 328.

[26] Chowdhury, Probal Roy. Group – Lending with Sequential Fiancing, Contigent Renewal and Social Capital [J]. *Journal of Development Economics*, 2007(84): 487 – 506.

[27] Gulli, H. Microfinance and Poverty: Questioning the Conventional Wisdom. Washington: Inter – American Development Bank, 1998.

[28] Tedeschi, Gwendolyn Alexander. Here Today, Gone Tomorrow: Can Dynamic Incentives Made Microfiance more Flexible? [J]. *Journal of Development Economics*, 2006(80): 84 – 105.

[29] Jain, Sanjay and Mansuri, Ghazala. A Little at a Time: the Use of Regularly Scheduled Repayments in Microfiance Programs[J]. *Journal of Development Economics*, 2003(72): 253 – 279.

[30] Bastelaer, Thierry Van and Howard Leathers. Trust in Lending: Social Capital and Joint Liability Seed Loans in Southern Zabia[J]. *World Development*, 2006, 34(10): 1788 – 1807.

[31] Dowla, Asif. Is Credit we Trust: Building Social Capital by Grameen Bank in Bangladesh[J]. *The Journal of Socio – Economics*, 2006(35): 102 – 122.

[32] Bond, Philip and Ashok S. Rai. Cosigned Vs Group Loans[J]. *Journal of Development Economics*, 2006, forthcoming.

[33] Wydick, Bruce. Can Social Cohesion be Harnessed to Repair Market Failures? Evidence from Group Lending in Guatemala[J]. *The Economic Journal*, 1999, 109(457): 463 – 475.

[34] Gomez, Rafael; and Eric Santor. Membership Has Its Privileges: The Effect of Social Capital and Neighbourhood Characteristics on the Earnings of Microfinance Borrowers[J]. *The Canadian Journal of Economics / Revue canadienne dÉconomique*, 2001, 34(4): 943 – 966.

[35] Lepenies, Philipp H. Exit, Voice and Vouchers: Using Vouchers to

Train Microenterprenuers: Observations from the Paraguayan Voucher Schem[J]. *World Development*, 2004, 32(4): 713 – 724.

[36] Buckley, Graeme. A Study of Malawi Mudzi Fund and the Smallholder Agriculture Credit Administration [A]. in David Hulme and Paul Mosley eds. *Finance against Poverty* [C], Vol II. London: Routledge, 1996.

[37] Tassel, Eric Van. Household Bargaining and Microfinance[J]. *Journal of Development Economics*, 2004(74): 449 – 468.

[38] Aniket, Kumar. Self Help Groups: Use of Modified ROSCAs in Microfinance[R]. *Working Paper*, 2005, June.

[39] Bratton, Mitchel. Financing Smallholder Production: A Comparison of Individual and Group Credit Scheme in Zimbabwe[J]. *Public Administration & Development*, 1986(6): 115 – 132.

[40] Hassan, M. Kabir; and David R. Tufte. The X – Efficiency of a Group-Based Lending Institution: The Case of the Grameen Bank[J]. *World Development*, 2001, 29 (6): 1071 – 1082.

[41] Mknelly, Barbara. and Michael Kevane. Improving Design and Performance of Group Lending: Suggestions from Burkina Faso[J]. *World Development*, 2002, 30(11): 2017 – 2032.

[42] Hermes, Niels., Robert Lensink and Habteab T. Mehrteab. Peer Monitoring, Social Ties and Moral Hazard in Group Lending Programs: Evidence from Eritrea. *World Development*, 2005, 33(1): 149 – 169.

[43] Giné, Xavier and Dean S. Karlan. Group Versus Individual Liability: A field Experiment in the Philippines[R]. World Bank Policy Research Working Paper 4008 (WPS 4008), 2006.

[44] Coleman, Brett E. The Impact of Group Lending in Northeast Thailand [J]. *Journal of Development Economics*, 1999(60): 105 – 141.

[45] Vigenina, Denotes and Alexander S. Kritikos. The Individual Micro – Lending Contract: Is it Better Design than Joint Liability? Evidence from Georgia [J]. *Economic System*, 2004(28): 155 – 176.

[46] Ahoin, Christmas and Rotert Tounsend. Using Repayment Data to Test Across Models of Joint liability lending[R]. *Working Paper* No. 02 – w27, Depart-

ment of Economics, Vanderbilt University, Nashville, December, 2002.

[47] Evans, Timothy G., Alayne M. Adams, Rafi Mohammed and Alison H. Norris. "Demystifying Nonparticipation in Microcredit: A Population - Based Analysis[J]. *World Development*, 1999, 27(2): 419 - 430.

[48] Navajas, Sergio; Schreiner, Mark; Meyer, Richard L.; Gonzalez - Vega, Claudio and Rodriguez - Meza, Torge. Microcredit and the Poorest of the Poor: Theory and Evidence from Bolivia [J]. *World Development*, 2000, 28 (2): 333 - 346.

[49] Amin, Sajeda. Ashok S. Rai and Giorgio Topa. Does Microcredit Reach the Poor and Vulnerable? Evidence from Northern Bangladesh". *Journal of Development Economics*, 2003, 70(1): 59 - 82.

[50] Coleman, Brette E.. Microfinance in Northeast Thailand: Who Benefit and How Much? [J]. *World Development*, 2006, 34(9): 1612 - 1638.

[51] Besley, Timothy and Robin Burgess. Halving Global Poverty[J]. *The Journal of Economic Perspectives*, 2003, 17(3): 3 - 22.

[52] Zaman, Hasson. Accessing the Impact of Micro - Credit on Poverty and Vulurability in Bangladesh[R]. The World Bank, Development Economics, Office of Senior Vice President and Chief Economics, July, Policy Working Paper 2145, 1999.

[53] Rashidi, Shahidur; Manohar Sharman; and Manfred Zeller. Micro - Lending for Small Farmers in Bangladesh: Does it Affect Farm Household's Land Allocation Decision? [R]. Markets and Structural Studies Division, International Food Policy Research Institute, Sepetember, MSSD Discussion Paper, No 45., 2002.

[54] Navajas, Sergio; Mark Schreiner; Richard L Meyer; Claudio Gonzalez-Vega and Torge Rodriguez - Meza. Microcredit and the Poorest of the Poor: Theory and Evidence from Bolivia [J]. *World Development*, 2000, 28 (2): 333 - 346.

[55] Hiatt, Shon R. and Warner P. Woodworth. Alleviating Poverty through Microfinance: Village Banking Outcomes in Central America[J]. *The Social Science Journal*, 2006(43): 471 - 477.

[56] Matin, Imran and Hulme, David. Programs for the Poorest: Learning

from the IGVGD Program in Bangladesh [J]. *World Development*, 2003, 31(3): 647-665.

[57] Premchander, S. NGOs and Local MFIs - How to Increase Poverty Reduction through Women's Small and Micro - Enterprise [J]. *Futures*, 2003 (35): 361-378.

[58] Shaw, Judith. Microenterprise Occupation and Poverty Reduction in Microfinance Programs: Evidence from Sri Lanka [J]. *World Development*, 2004, 32 (7): 1247-1264.

[59] Panjaitan - Drioadisuryo, Rosintan D. M. and Kathleen Cloud. Gender, Self - Employment and Microcredit Programs: An Indonesian Case Study [J]. *The Quarterly Review of Economics and Finance*, 1990(39): 769-779.

[60] Kabeer, Naila. Conflicts over Credit: Re - Evaluting the Empowerment Potential of Women in Rural Bangladesh [J]. World Development, 2001, 29(1): 63-84.

[61] Doocy, Shannon; Shimeles Teferra; Dan Norell and Gilbert Burnham. Credit Program Outcomes: Coping Capacity and Nutritional Status in the Food Insecure Context of Ethiopia, Ecuador and Honduras [J]. *World Development*, 2005, 30(4): 707-723.

[62] Johnson, Susan. Gender Norms in Financial Markets: Evidence from Kenya [J]. *World Development*, 2004, 32(8): 1355-1374.

[63] Pitt, Mark M.; Shahidur R. Khandker; Jennifer Cartwright. Does Micro-Credit Empower Women? Evidence from Bangladesh [R]. The World Bank, Development Research Group, Rural Development March. Policy Research Working Paper 2998, 2003.

[64] Macernan, Signe - Mary; Mark M. Pitt; and David Moskowitz. Use of Formal and Informal Financial Sectors: Does Gender Matter? Empirical Evidence from Rural Bangladesh [R]. World Bank Policy Research Working Paper 3491, January, 2005.

[65] Morduch, Jonathan. The Role of Subsidies in Microfinance: Evidence from the Grameen Bank [J]. *Journal of Development Economics*, 1999(60): 229-248.

[66] Pretes, Michael. Microequity and Microfiance[J]. *World Development*, 2002, 30(8): 1341 - 1353.

[67] Hartarska, Valentina. Governance and Performance of Microfinance Institution in Central and Eastern Europe and the Newly Independent States[J]. *World Development*, 2005, 33(10): 1627 - 1643.

[68] Dixon, Rob; John Ritchie and Juliana Siwale. Loan Officers and Loan "Delinquency" in Microfiance: A Zambian Case"[J]. *Accounting Forum*, 2007 (31): 47 - 71.

[69] Conning, Jonathan. Outreach, Sustainability and Leverage in Monitored and Peer - Monitored Lending[J]. *Journal of Development Economics*, 1999(60): 51 - 77.

[70] Hulme, David. Impact Assessment Methodologies for Microfiance: Theory, Experience and Better Practice [J]. *World Development*, 2000, 28 (1): 79 - 98.

[71] Smets, Peer. Small is Beautiful, But Big is often the Practice: Housing Microfiance in Discussion[J]. *Habital International*, 2006(30): 595 - 613.

[72] Gutiárrez - Nieto, Begoña; Carlos Serrano - Cinca; and Cecilio Mar. Molinero. Microfiance Institution and Efficiency [J]. *Omega*, 2007 (35): 131 - 142.

[73] Isern, Jennifer; Julie Abrams and Matthew Brown. Appraisal Guide for Microfinance Institutions: A Technical Guide[R]. CGAP, 2007.

[74] Isern, Jennifer; Julie Abrams and Matthew Brown. Appraisal Guide for Microfinance Institutions: Resource Manual[Z]. CGAP, 2007.

[75] Arun, Thankom. Regulating for Development: The Case of Microfinance [J]. *The Quarterly Review of Economics and Finance*, 2005(45): 346 - 357.

[76] Gonzalez - Vega, Claudio; Schreiner, Mark; Meyer, Richard L.; Rodriguez, Jorge and Navajas, Sergio. Bancosal: The Challege for Microfinance Organizations [R]. Economic and Sociology, Occasional Paper No 2332., Department of Agricultural Economics, The Ohio State University, 1996.

[77] Buckley, Graeme. Microfinance in Africa: Is it Either the Problem or the Solution? [J]. *World Development*, 1997, 25(7): 1081 - 1093.

[78] Mosley, Paul and David Hulme. Microenterprise Finance: Is There a Conflict between Growth and Poverty Alleviation? [J]. *World Development*, 1998, 26(5):783－790.

[79] Morduch, Jonathan. The Microfiance Schism[J]. *World Development*, 2000, 28(4):617－629.

[80] Copestake, James. Mainstreaming Microfiance: Social Performance Management or Mission Drift? [J]. *World Development*, 2007, forthcoming.

[81] Buckley, Graeme. Microfinance in Africa: Is it Either the Problem or the Solution?" *World Development*, 1997, 5(7):1081－1093.

[82] Vagelgesang, Ulrike. Microfinance in Times of Crisis: The Effects of Competition, Rising Indebtedness, and Economic Crisis on Repayment Behavior [J]. *World Development*, 2003, 31(12):2085－2114.

[83] Stiglitz, Joseph E. and Andrew Weiss. Credit Rationing in Markets with Imperfect Information[J]. *The American Economic Review*, 1981, 71(3):393－410.

[84] Emran, M. Shahe.; AKM Kahbub Morshed and Joseph E. Stiglitz. Microfinance and Missing Market[Z]. *Working Papers*., 2006.

[85] Navajas, Sergio; Jonathan Conning and Claudio Gonzalez－Vega. Lending Techniques, Competition and Consolidation in the Market for Microfinance in Bolivia[J]. *Journal of International Development*, 2003(15):747－770.

[86] Banerjee, Abhijit V.; Timothy Besley and Timothy W. Guinnane. Thy Neighbor's Keeper: The Design of a Credit Cooperative with Theory and a Test [J]. *Quarterly Journal of Economics*, 1994, 109(2):491－515.

[87] Guinnane, Timothy W. Cooperatives as Information Machines: The Lending Practices of German Agricultural Credit Cooperatives, 1883—1914[J]. *The Journal of Economic History*, 2001, 61(2):366－389.

[88] Anderson, Thomas Barnebeck and Nikolaj Malchow－Møller. Strategic Interaction in Undeveloped Credit Markets[J]. *Journal of Development Economics*, 2006(80):275－298.

[89] Greenwald, Bruce E.; Meir Kohn; and Joseph E. Financial Market Imperfection and Productivity Growth[J]. *Journal of Economic Behavior and Organization*, 1990(13):321－345.

[90] Guinnane, Timothy W. Regional Organizations in the German Cooperative Banking System in the Late 19th Century[J]. *Research in Economics*, 1997(51): 251 – 274.

[91] McIntosh, Craig; and Bruce Wydick. Competition and microfinance [J]. *Journal of Development Economics*, 2005(78): 271 – 298.

[92] Beveridge, Andrew A. Local Lending Practice: Borrowers in a Small Northeastern Industrial City, 1832 – 1915[J]. *The Journal of Economic History*, 1985, 45(2): 393 – 403.

[93]梁山. 对农户小额信贷需求、安全性、营利性和信用状况的实证分析[J]. 金融研究, 2003(6): 128 – 134.

[94]汉瑞 · 杰克嫩, 米先锋. 中国评估报告: 作为小额信贷启动可行性使命的组成部分[Z]. 1997.

[95]沈明高, 程恩江. 重构中国农村金融体系: 现存的方法, 挑战与小额信贷的未来[R]. 德国技术合作局, 2004.

[96] Park, Albert; Chang – qing Ren; and San – gui Wang. Micro – Finance, Poverty Alleviation, and Fiancial Reform in China[R]. Workshop on Rural Fiance and Credit Infrasructure in China, Paris, France, 13 – 14, October, 2003.

[97]姚遂, 汪小勤, 陈卓淳. 信贷扶贫制度的设计与创新——茅于轼扶贫案例的制度经济学分析[J]. 中国农村观察, 2002(5): 22 – 31.

[98]谢云山. 小额信贷的山西湍水头模式[J]. 农村金融研究, 2002(6): 37 – 40.

[99]刘锡良, 洪正. 多机构并存下的小额信贷市场均衡[J]. 金融研究, 2005(3): 68 – 79.

[100]赵岩青, 王玮, 何广文. 信用激励机制在小额信贷中的有效性研究[J]. 金融与经济, 2007(12): 47 – 52.

[101]周振海. 基于垄断和价格管制条件下的中国小额信贷市场分析[J]. 金融研究, 2007(8): 182 – 190.

[102]赵岩青, 何广文. 声誉机制、信任机制与小额信贷[J]. 金融论坛, 2008(1): 33 – 40.

[103]王卓. 农村小额信贷利率需求弹性[J]. 中国农村经济, 2007(6): 62 – 70.

[104]孙若梅. 小额信贷在农村信贷市场中作用的探讨[J]. 中国农村经济,2006(8):34－43.

[105]杜晓山. 小额信贷的发展与普惠性金融体系框架[J]. 中国农村经济,2006(8):70－78.

[106]杜晓山. 中国农村小额信贷的实践尝试[J]. 中国农村经济,2004(8):12－19,30.

[107]Enjiang Cheng. The Demand for Micro－Credit as a Determinant for Microfiance Outreach－Evidence from China. International Conforence on Rural Finance Research:Moving Results into Policies and Practice,Rome,2007.

[108]杜晓山. 中国小额信贷的管制环境[R]. 社科院农发所,2005.

[109]孙若梅. 中国小额信贷的发展[R]. 中国社会科学院农发所,2005.

[110]邹洋. 从委托代理看新制度经济理论的应用[J]. 成都大学学报(社会科学版),2007(2):26－28.

[111]王小芳,管锡展. 多委托代理关系——共同代理理论及其最新进展[J]. 外国经济管理,2004,26,(10):10－14,30.

[112]王艳,段近东. 基于委托—代理理论的借款者还款的权衡机制探悉[J]. 江苏社会科学,2006(10):17－18.

[113]戴中亮. 委托—代理理论[J]. 商业研究,2004(19):98－100.

[114]刘有贵,蒋年华. 委托—代理理论[J]. 学术界,2006(1):69－78.

[115]邓毅,熊鹰. 委托代理理论与政府采购[J]. 中国政府采购,2007(12):66－69

[116]林红玲. 西方制度变迁理论[J]. 社会科学辑刊,2001(1):76－80.

[117]马广奇. 制度变迁理论:述评与启示 [J]. 生产力研究,2005(7):225－230

[118]道格纳斯·C. 诺斯. 制度,制度变迁与经济绩效[M]. 刘守英,译. 上海:上海三联书店,1994.

[119]张广利,桂勇. 社会资本:渊源·理论·局限[J]. 河北学刊,2003,23(3):17－22.

[120]陈柳钦. 社会资本及其主要研究观点[J]. 东方论坛,2007(3):84－91,121.

[121]Hollis,Aidian; and Arthur Sweetman. The Evolution of a Microcredit

Institution:The Irish Loan Funds,1720 – 1920[Z]. Working Paper Number UT – ECIPA – 96 – 01, Department of Economics and Institution for Policy Ananlysis, University of Toronto,1996.

[122] Hollis, Aidian and Arthur Sweetman. Complementarity, Competition and Institution Development:The Irish Loan Funds through Three Centuries[Z]. Economics Working Paper Archives, ewp – eh/9704003, March, 1997.

[123] Hollis, Aidian and Arthur Sweetman, Microcredit in Pre – Famine Ireland [R]. *Economics Working Paper Archives*, ewp – eh/9704002, April, 1997.

[124] Hollis, Aidian; and Arthur Sweetman. Microcredit: What Can we Learn from the Past? [J]. *World Development*, 1998a, 26(10):1875 – 1891.

[125] Hollis, Aidian; and Arthur. Sweetman. Microcredit in Pre – Famine Ireland[J] *Explorations in Economic History*, 1998b(35):347 – 380.

[126] Hollis, Aidian and Arthur Sweetman. The Life – Cycle of a Microfinance Institution:The Irish Loan Funds[J]. *Journal of Economic Behavior & Organization*, 2001(46):291 – 311.

[127] Guinnane, Timothy W. Cooperatives as Information Machines: The Lending Practices of German Agricultural Credit Cooperatives, 1883 – 1914 [Z]. Economic Growth Center Discussion Paper No. 699. Yale University, August 1993.

[128] Gonzalez – Vega, Claudio; Mark Schreiner; Richard L. Meyer; Jorge Rodriguez; and Sergio Navajas. . Bancosal:The Challege for Microfinance Organizations. Economic and Sociology, Occasional Paper No 2332. , Department of Agricultural Economics, The Ohio State University, 1996.

[129] Navajas, Sergio; Mark Schreiner; Richard L. Meyer; Claudio Gonzalez – Vega; and Torge Rodriguez – Meza. Microcredit and the Poorest of the Poor:Theory and Evidence from Bolivia[J]. *World Development*, 2000, 28(2):333 – 346.

[130] Vagelgesang, Ulrike. Microfinance in Times of Crisis: The Effects of Competition, Rising Indebtedness, and Economic Crisis on Repayment Behavior [J]. *World Development*, 2003, 31(12):2085 – 2114.

[131] Hossain, Mahabub. Credit for Alleviation of Rural Poverty: the Grameen Bank in Bangladesh [R] International Food Policy Research Institute, Research Report 65, 1988.

[132]Kabeer, Naila. Conflicts over Credit: Re – Evaluting the Empowerment Potential of Women in Rural Bangladesh". *World Development*, 2001, 29(1): 63 – 84.

[133]Matin, Imran and David Hulme. Programs for the Poorest: Learning from the IGVGD Program in Bangladesh. *World Development*, 2003, 31(3): 647 – 665.

[134]农业银行国际业务部课题组. 格莱珉: 制度安排与工作模式[J]. 农村金融研究, 2006(10): 57 – 62.

[135]张勇. 孟加拉小额信贷模式的最新发展[J]. 中国农村经济, 2003(6): 67 – 72.

[136]Situ, Peter. Microfiance in China and Development Opportunities [R]. German Technical Cooperation (GTZ), Consultant Report, 2003.

[137]石俊志. 小额信贷发展模式的国际比较及其对我国的启示[J]. 国际金融研究, 2007(10): 4 – 9.

[138]Park, Albert, and Chang – qing Ren. Microfiance With Chinese Characteristics[J]. *World Development*, 2001, 29(1): 39 – 62.

[139]Jackelen, Henry; and Mi Xianfeng. Assessment Report for China. Prepaired as a Component of the MicroStart Feasibility Mission. Ocotober, 1997.

[140]Hartarska, Valetina and Denis Naddnyak. Does Rating Help Microfiance Institution Raise Funds? Cross – Country Evidence[J]. *International Review of Economics and Finance*, 2007, forthcoming.

索　引

人名与机构名索引

学术术语索引

后　记

本书是在笔者博士论文的基础上进一步研究的成果。第 1 章到第 6 章由笔者执笔撰写,第 7 章由陕西省行政学院徐团团讲师执笔撰写。

作为发展中国家农村金融制度的一项重要创新,小额信贷制度是一种不同于传统银行金融的金融创新组织形式,从全球范围看,小额信贷在解决低收入群体,尤其是农村贫困人口贷款难方面取得了巨大成功。从国际农业发展基金会最早在中国开展小额信贷活动,直至目前农村金融合作组织、小额贷款公司等农村新型金融机构小额信贷实践的蓬勃发展,中国小额信贷制度经历了 20 多年的发展历程。在这一发展过程中,中国小额信贷在机构、产品等方面均体现出与世界各国不同的特征,因此,研究中国小额信贷,尤其是农村小额信贷的发展是一件很有意义的事情。近年来,我对小额信贷的相关研究成果先后在《当代经济科学》《金融时报·理论版》《技术经济》《西部金融》等学术期刊发表,而《中国农村小额信贷发展研究》这本著作,可以说是我近年来对中国农村小额信贷研究的一个系统总结。

人民银行作为中国农村金融改革的设计者和推动者,七年人民银行的工作经历使我有幸参与和见证了农村金融的改革和发展,这种经历使我的研究工作得益匪浅。本书的撰写以及资料收集工作得到了中国人民银行西安分行郭新明行长、高波副行长、陕西省农村信用联社赵永军主任、中国人民银行金融消费权益保护局孙天琦副局长、郑州百瑞信托公司研发中心高志杰总经理、西安电子科技大学经济管理学院王益峰副院长等领导和同仁的指导和帮助,在此表示深深的谢意!见贤思齐!

感谢教育部人文社科重点研究基地——西北大学中国西部经济发展研究中心副主任、博士生导师徐璋勇教授对本书建设性的修改意见,徐老师严谨的治学态度给我留下深刻的印象。我的导师、中国农村金融研究领域知名学者罗剑朝教授全文审阅了本书，师恩难忘！

感谢教育部人文社会科学重点研究基地——西北大学中国西部经济发展研究中心聘请我为兼职研究员，这是对我的激励和鞭策。

本书作为学术著作出版，得到了教育部人文社科重点研究基地——西北大学中国西部经济发展研究中心的出版资助，在此谨表衷心的感谢！在本书的出版过程中，中国经济出版社的贺静编辑和邱耿编辑付出了辛勤的劳动，在此深表感谢！

由于日常工作繁忙，研究只能在工作之余进行，可能精力和时间所限，书中错误和不足在所难免，当然文责自负。

恰逢本书出版之际，我有幸参与陕西秦农农村商业银行股份有限公司的筹建工作，秦农银行即将挂牌开业。我也想藉此机会把这本著作作为礼物献给即将诞生的秦农银行，祝愿秦农银行不断发展壮大！

何剑伟

2014 年 12 月